tra Anders

POETRY SLAM

Live-Poeten in Dichterschlachten

EIN ARBEITSBUCH

Impressum

Titel: **Poetry Slam**
Live-Poeten in Dichterschlachten
Ein Arbeitsbuch

Autorin: Petra Anders
Fotos: s. Bildnachweis S. 194
Druck: Druckerei Uwe Nolte, Iserlohn
Verlag: **Verlag an der Ruhr**
Alexanderstraße 54 – 45472 Mülheim an der Ruhr
Postfach 10 22 51 – 45422 Mülheim an der Ruhr
Tel.: 0208/4395450 – Fax: 0208/43954239
E-Mail: info@verlagruhr.de
www.verlagruhr.de

Aktualisierte Ausgabe 2007
ISBN 978-3-8346-0293-0

geeignet für die Altersstufe 13 14 15 16 17 18 ...

Die Schreibweise der Texte folgt der neuesten Fassung der Rechtschreibregeln – gültig ab August 2006.

Gedruckt auf chlorfrei gebleichtes Papier.

Inhalt

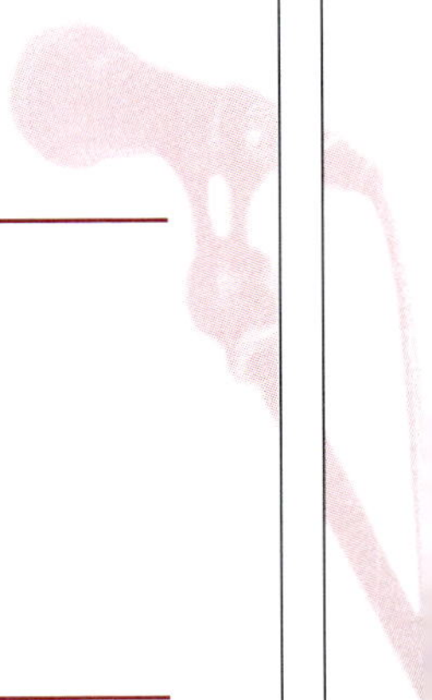

Inhalt

III. Slam-Werkstatt – Fortsetzung

Aus Gründen der besseren Lesbarkeit haben wir in diesem Buch durchgehend die männliche Form verwendet. Natürlich sind damit auch immer Frauen und Mädchen gemeint.

Vorschlag für ...

Hier siehst du auf einen Blick, was die Inhalte des Projektes „Poetry Slam" sind, wie du dir das jeweilige Thema aneignen kannst und welche Materialien du dafür benötigst.
Du kannst die Aufgaben innerhalb eines Themenblocks gemeinsam mit anderen bearbeiten. Ihr könnt sie auch untereinander verteilen und euch dann über eure Eindrücke, Erfahrungen und die gesammelten Informationen austauschen.

Material	Themenblock	Medien
• Erste Ansichten • Pressestimmen • Regeln für den Slam • Performance und Publikum • Wer macht was beim Slam?	**Was ist ein Poetry Slam?** Welche Meinungen zu dieser Art Literaturveranstaltung gibt es? Wer ist am Slam beteiligt und welche Aufgaben hat jeder Beteiligte?	• CD-ROM • Interviews • Pressetexte
• Dichterwettkämpfe in der Literaturgeschichte • Rap • Social Beat • Jazz • Bertsolaritza • Slam als internationale Bewegung	**Hintergrund** Woher kommt Poetry Slam? Welche Vorläufer und verwandte Bewegungen gibt es?	• Sachtexte • Interviews • CD-ROM
• Porträts • Comedy-Texte • Erzähltexte • Sozialkritische Texte • Rap-Poetry • Texte über das Thema Liebe	**Kennenlernen von Slam-Poeten und ihren Texten** Über welche Inhalte sprechen die Slammer? Wie sind die Texte aufgebaut? Wie wirken die Texte? Welche Impulse geben sie dir zum Schreiben?	• Internet • Texte • CD-ROM

... einen Projektworkshop

Material	Themenblock	Medien
• Finde und erprobe deinen eigenen Stil • Welcher Slammer-Typ bist du? • Was sind deine Themen? • Kritik-Baukasten	**Tipps und Tricks für die eigene Slam-Werkstatt** Wie kann ich gute Themen zum Texten finden? Wo liegt mein Talent? Wie gehe ich mit den Beiträgen der anderen um? Wie bekomme ich eine gute Schreib-Stimmung?	• „Psycho-Test" • Werkstatt-Tricks
• Verschiedene Stilmittel und Bausätze	**Anleitung zum Selbertexten** Wie kann ich einen Text entwickeln? Wie kann ich Texte gliedern? Wie kann ich improvisiert schreiben?	• Text-Tricks • Anregungen ausprobieren!
• Dramaturgie • Bühnenpräsenz • Publikum gewinnen • Tipps für's Auswendiglernen, Lampenfieber, Schritte zum gelungenen Auftritt, Videoclip	**Tipps und Tricks für die Präsentation eurer Texte** Was muss ich auf der Bühne beachten? In welcher Reihenfolge präsentiere ich meine Texte? Wie lerne ich auswendig? Wie drehe ich einen poetry clip?	• Interviews • Internet • Performance-Tricks, • CD-ROM
• Ein Slam-Netzwerk aufbauen • Auf zum ersten Slam! • Eure Slam-Regeln • Werbung für den Slam	**Anleitung zur Organisation von Poetry Slams** Welche Voraussetzungen müssen wir für die Veranstaltung schaffen? Wie machen wir das Publikum aufmerksam? Nach welchen Regeln läuft unser Slam ab?	• Internet • Anregungen ausprobieren!

Slam ist Vision

Slam ist Wahrheit

Slam ist Literatur

Slam ist Party

Ein Slam kann
ein Leben verändern

— *Wolfgang Hogekamp*
spokenwordberlin

— **Bas Böttcher** (Berlin):

So wie du drauf bist (2003)

Herzlich willkommen zur Freakshow!
Hier ist schon wieder einer von Euren supadupa Poeten am Mikro.
Inmitten von derbsten Propheten und so.
Ich mein: Ich! – Und meine Kollegen. – Capito?
Da gibt's sowieso nie niedriges Niveau!
Wir sind alle voll profund und deep, Yo!

Und wenn du's Scheiße findest, hast du's wahrscheinlich
einfach nicht verstanden!
So wie du drauf bist, kann ja nicht mal Nietzsche bei dir landen!

Bist wohl einfach 'n bisschen zu spät gekommen.
– Wenn wir wollten, hätten wir längst den Buchmarkt übernommen.
Aber hey: Wir bleiben lieber ‚underground' und ‚real'.
Wir reden auf der Bühne durcheinander laut und viel.
Die Menge raunt: Wow, was für'n Stil,
aber das war ja noch gar nix!
Meine Reime komm' krasser als die von Stefan Raab
beim Grang Priks!

Und wenn du's Scheiße findest, hast du's wahrscheinlich
einfach nicht verstanden!
So wie du drauf bist, kann ja nicht mal Schiller bei dir landen!

Wir machen, weil wir cool sind, nicht Poesie, sondern Poetry!
Performen deepe Lyrics, comedy und stylen free!
So viele real keepende Freaks am Mic gabs noch nie!
Sieh, wie wir burnen und flashen zwischen Magie und Genie!

Und wenn du's Scheiße findest, hast du's wahrscheinlich
einfach nicht verstanden!
So wie du drauf bist, kann ja nicht mal Heine bei dir landen!

Wir sind der Untergrund des Untergrunds des Underground.
Auf der Bühne pflegen wir unsere Marotten.
Wir stehen auf Chillout- und Downbeat-Sound.
Das sieht man an unsern Klamotten.

... zur Freakshow!

Und wenn du's Scheiße findest, hast du's wahrscheinlich
einfach nicht verstanden!
So wie du drauf bist, kann ja nicht mal Jandl bei dir landen!

Wir sind die Avantgarde der Avantgarde der Avantgarde!
Schon in 10 Jahren reden die Leute von uns damals
beim Slam knallhart:
Begabte Poeten und begnadete Dichter
reichten sich das Mic unter den Augen der Kampfrichter.
Ihre Worte waren bahnbrechenden Weisheiten geweiht!
Und nie dagewesene Erkenntnis machte sich bei
ihren Lesungen breit!
In 20 Jahren predigen irgendwelche Deutschlehrer
uns als Schöpfer einer neuen Ära
Und Ihr könnt dann von Euch sagen (ein bisschen gerädert):
„Ich war damals dabei!" (Auch wenn's manchmal wehtat.)

Und wenn du's dann immer noch Scheiße findest, hast du's
wahrscheinlich einfach nicht verstanden!
So wie du drauf bist, kann ja nicht mal i c h bei dir landen!

— bislang unveröffentlichter Text von Bas Böttcher

Weiterdenker

- War das ein Gedicht, ein Rap – oder was?
- Was erwartet dich bei Poetry Slams? Was für Texte? Was für Künstler?
- Was verlangt – umgekehrt – Bas Böttcher von seinen Zuhörern?

Erste Ansichten.

Bamberg heißt Slamberg.
Hamburg ist Slamburg.
Jeder Stadt ihren Poetry Slam.

Poetry Slam ist Sport am Wort. Das Grundprinzip: Dichter treten mit Kurzlesungen gegeneinander an und werden vom Publikum bewertet. In der Wertung spielt neben dem Text auch die Performance, der überzeugende Vortrag eine Rolle.
Auf den lokalen Slambühnen haben Laien ebenso wie Profis die Chance, ihr Können zu zeigen. Rap und Spoken Word Poetry stehen neben Kurzgeschichten, Lyrik und Comedy-Einflüssen.
Das Besondere an einer Slam-Veranstaltung ist die intensive Beziehung zwischen Dichter und Publikum und die demokratische Offenheit. Bei den meisten lokalen Poetry Slams können grundsätzlich alle Interessierten teilnehmen, vorausgesetzt, sie tragen eigene Texte vor. Und wer gestern noch im Publikum saß, kann sich beim nächsten Slam schon auf der Bühne finden.

— **www.slam2003.de**

Nils (18):
» Ich finde so eine Veranstaltung interessant, weil man neue Ideen kennenlernen kann. Und vielleicht ist darunter ja ein Künstler, der später berühmt wird. «

Jenny (17):
» Auf die Bühne mit einem eigenen Text? So mutig wäre ich nicht. Wer das kann, verdient sowieso schon Applaus, egal, ob der Text dann 100% wertvoll ist. «

Fynn (16):
» Wenn ich zu einer Veranstaltung gehe, will ich Spaß und Unterhaltung, aber keine Weltgrübeleien. Ich glaube, ein Poetry Slam kann das dem Publikum bieten. «

Erste Ansichten.

Gregor (20):

❝ Endlich mal eine Literaturveranstaltung, die dem Zeitgeist entspricht. Ich war schon bei einigen Slams, die in Fabrikhallen und Clubs stattgefunden haben, und fand es genial, dass Künstler und Publikum so ungezwungen aufeinandertreffen können. So ohne Wasserglas, Brille und ehrfürchtige Stille. ❞

Julia (15):

❝ Wenn jeder auf die Bühne kann, dann sind die Texte bestimmt auch langweilig. Wenn jemand was zu sagen hat, dann steht das in Büchern, die man kaufen kann. Ich hätte keine Lust, mich von Leuten zuquatschen zu lassen, die denken, dass sie sonst wer sind. ❞

Soraya (18):

❝ Kunst kommt von Können und nicht von Klamauk. Poetry Slam ist mal wieder ein typisches Ding der Spaßkultur. Verantwortliche im Verlag sollten wissen, wer durch literarische Kunstfertigkeit erfolgreich wird. Wenn ein total beeinflussbares Publikum die Leute auf der Bühne zu Helden macht, dann geht das Niveau bald den Bach runter. ❞

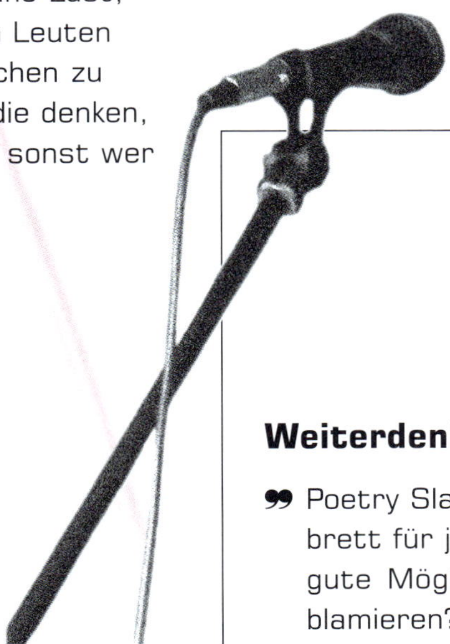

Weiterdenker

❝ Poetry Slam – Ist das ein Sprungbrett für junge Poeten oder nur eine gute Möglichkeit, sich öffentlich zu blamieren? Was denkst du nach den ersten Eindrücken über so eine Art Veranstaltung?

Was heißt eigentlich ...

Die Bedeutung des Wortes „slam“

Slemma und slämma ist ein ursprünglich norwegisches bzw. schwedisches Verb, das lautmalerisch das Zuknallen einer Tür bedeutet.

Das Substantiv slam wird im Englischen später für den Stich im Kartenspiel verwendet.

Im Tennis avancierte slam zu grand slam, um ein Großturnier zu bezeichnen.

Ebenso gelten heute starke Cocktails als slammer, was soviel heißt wie to slam some beers (sich mit Bier zuknallen).

In Amerika dagegen ist ein slammer ein Gefangener, hinter dem die Zellentür zugefallen ist.

Seit 1984 notierten Wörterbucher slam als Wettbewerbsform. In dieser Form wurde es von den Veranstaltern der literarischen Wettkämpfe gebraucht, es meint sowohl die literarische Bewegung als auch die publikumsbezogene Form.

Poetry Slam ist ein Vorlesespaß

Ein Poetry Slam ist ein Dichter-Wettstreit

slam
↳ zuschlagen, zuknallen, aufschlagen
slam-dunk (amerik.)
↳ Basketball mit voller Wucht im Korb versenken (Sport)
↳ als Sieger alle Stiche erhalten (Kartenspiel),
with a slam
↳ mit voller Wucht, heftig
to slam down
↳ verreißen, herunterputzen

… "Poetry Slam"?

Slammen heißt überleben

Poetry Slam ist tectasy

Poetry Slam heftige Dichtung

Poetry Slam heißt literarischer Aufschlag

Die Übersetzungsvarianten

„Übersetzungen gibt es viele und doch keine. Wir in Darmstadt nennen unseren Poetry Slam „Dichterschlacht", es gibt auch einen „Dichterkrieg". Dass sich die deutsche Meisterschaft „German International Poetry Slam" nennt, lässt auch nicht gerade darauf hoffen, dass sich die Slammer im Lande auf eine Übersetzung einigen."

— aus: Interview mit einem Veranstalter des Internationalen Poetry Slam 2003, 15.10.2003

Aufpasser & Hingucker

- Viele Künstler und Kritiker sagen, dass ein Poetry Slam Gemeinsamkeiten mit einer Sportveranstaltung hat. – Sie haben Recht, oder?
- „Dichterschlacht – Krieg" – Geht die Übersetzung der Darmstädter in die richtige Richtung?
- Der Veranstalter des Internationalen Poetry Slam 2003 nennt verschiedene Übersetzungsmöglichkeiten für „Poetry Slam". – Weshalb konnte man sich bislang auf keine davon einigen?
- Welche Übersetzungsvorschläge würdest du einem Veranstalter machen?

Regeln für den Slam

"The Slam should be open to all people and all forms of poetry."

Marc Smith
www.slampapi.com

Ein Poetry Slam läuft immer nach bestimmten Regeln ab.

Allgemeine Regeln

für einen Poetry Slam

1. Jeder, der einen eigenen Text verfasst hat, darf an einem Poetry Slam teilnehmen.
2. Alle Künstler erhalten dasselbe Zeitlimit auf der Bühne.
3. Es dürfen keine Requisiten oder Kostüme auf die Bühne mitgenommen werden.
4. Reine Gesangsstücke sind nicht erlaubt. Die Texte können jedoch im Sprechgesang vorgetragen werden.
5. Das Publikum bewertet die Beiträge der Künstler.
6. Ein/e MC (Master of Ceremony) sorgt für den geregelten Ablauf der Veranstaltung. Er/sie animiert das Publikum und hält Juryabstimmungen schriftlich fest.
7. Am Ende der Veranstaltung erhält der Gesamtsieger einen Preis.

www.slam2004.de/history.shtml

Regeln für den Slam in Darmstadt

1. Teilnehmen kann jeder, der eigene Werke selbst liest, performt, rappt ...
2. Es gibt keine Anmeldung. Wer sich zu der angegebenen Uhrzeit in die Liste am Eingang einträgt, kann auf die Bühne kommen.
3. Es können maximal 12 Slammer mitmachen.
4. Das Los entscheidet über die Reihenfolge und die drei Gruppen.
5. Jede/r hat maximal 10 Minuten Zeit für seine Performance. Überschreitungen werden nicht geduldet.
6. Das Publikum ist die Jury. Es werden Punkte für Text und Performance vergeben.
7. Die Punkte werden aufgeschrieben. Anhand der Punktzahl können die Gruppensieger ermittelt werden.
8. Im Finale dürfen die drei Gruppensieger erneut auf die Bühne. Sie tragen einen neuen Text vor.
9. Das Publikum bestimmt den Gewinner per Applaus.
10. Die Finalisten bekommen ein Glas Sekt. Der Gesamtsieger erhält eine Gewinnprämie!

Weiterdenker

- Informiere dich über die Regeln verschiedener Slam-Städte.
- Andere Städte – andere Regeln! – Warum ist das so beim Poetry Slam?
- Was denkst du über Zeitlimit und Kostümverbot beim Slam?
- Finde heraus, wer der amtierende deutschsprachige Slam-Meister ist!

Worte allein genügen...

Geschichte I

Marc Smith ist der Erfinder des Poetry Slam. Er veranstaltete die ersten Slams in Chicago und New York. 1986 fand sein allererster Poetry Slam im Green-Mill-Jazzclub in Chicago statt.
Wie kam es dazu? Smith fand die konventionellen akademischen Literatur-Lesungen langweilig. Seine Idee für mehr Leben und Lebendigkeit auf der Bühne: Die Poeten sollten der Performance ihrer Texte mehr Beachtung schenken und das Publikum in ihren Vortrag mit einbeziehen. – Der Poetry Slam war geboren!
Marc Smith beschreibt die Eigenart der Slam Poetry so:
„Slam Poetry is performance poetry. It recognizes that the art of performance is as important an art as the art of forming words into poems on the printed page."
— aus: www.lyrik.ch.history/slam4.html

Der Slammer Boris Preckwitz über die Entstehung des Poetry Slam:
„Die Slam-Poeten in Chicago (...) trafen auf ein Publikum, das lieber Bier trinken als Gedichte hören wollte. Poets wie Marc Smith machten aus dieser Not eine Tugend, indem sie ihre Texte nicht auf der Bühne, sondern mit der nötigen Stimmgewalt an der Bar oder im Raum begannen und dem Publikum direkt auf die Pelle rückten. Um vom Publikum erlebt werden zu können, musste der Performer den Text in der Präsentation selbst „leben". Der Dichter verwandelte sich zum metasprachlichen Medium seiner Message, Poems wurden Performance, Texte wurden zu Action. Der Körper wurde wie am historischen Ursprung der Lyrik wieder zum Gesamtorgan und Vollzugsort der Worte."
— aus: Boris Preckwitz: poetik : Poem und Performance. In: ndl, neue deutsche literatur, Nr. 2/2001, Aufbau

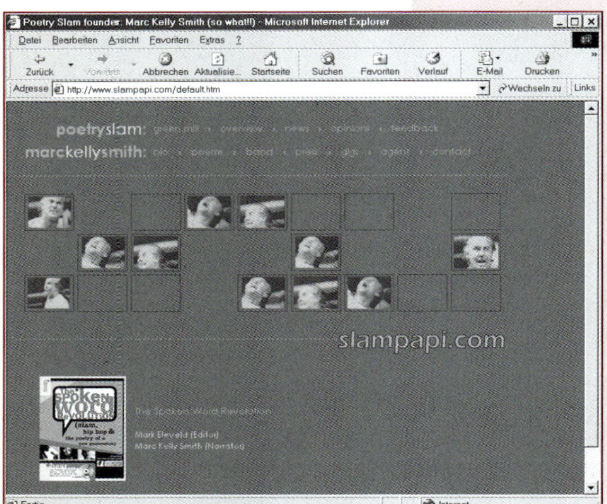

www.slampapi.com

Geschichte II

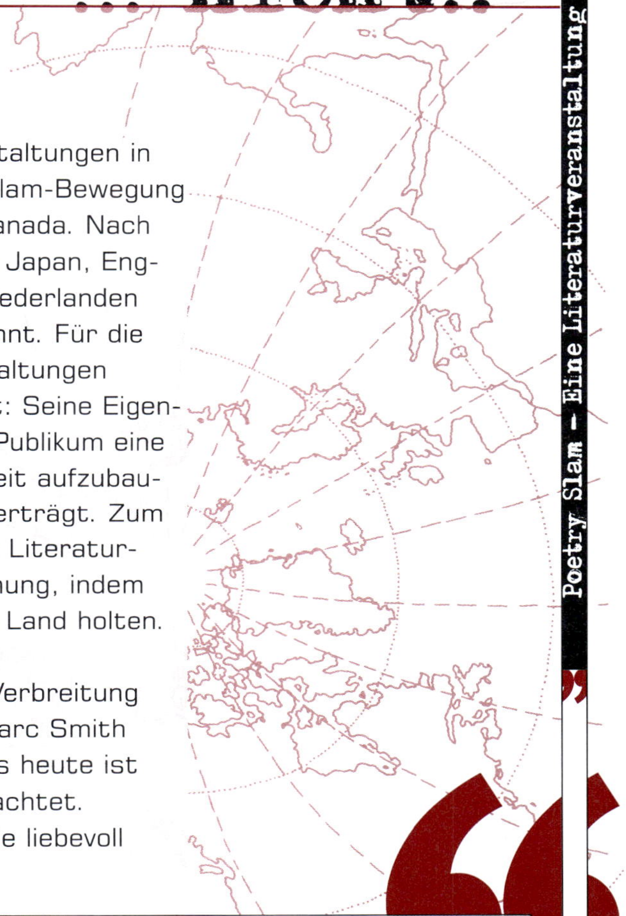

Nach den ersten Slam-Veranstaltungen in Chicago verbreitete sich die Slam-Bewegung zunächst in den USA und in Kanada. Nach 1994 wurden Poetry Slams in Japan, England, Schweden, Israel, den Niederlanden und auch in Deutschland bekannt. Für die Verbreitung der Slam-Veranstaltungen sorgte der Poetry Slam selbst: Seine Eigenschaft ist es, sich durch das Publikum eine eigene literarische Öffentlichkeit aufzubauen, die die Idee des Slam weiterträgt. Zum Teil kümmerten sich aber auch Literaturhäuser um seine Bekanntmachung, indem sie amerikanische Autoren ins Land holten.

Den Erfolg und die weltweite Verbreitung des Poetry Slam hätte sich Marc Smith wohl kaum träumen lassen. Bis heute ist er in der Slam-Szene hoch geachtet. Unter Fans wird er mittlerweile liebevoll „Slampapi" genannt.

Weiterdenker

- Informiert euch im Internet über die Entstehung und Verbreitung des Poetry Slam und erstellt eine Übersicht mit wichtigen Stationen und Meilensteinen der Bewegung.
- „Der Körper als Vollzugsort der Worte" – Was meint Boris Preckwitz damit?

Pressestimmen zum ...

» Besonders in Mode gekommen sind in jüngster Zeit sogenannte Slams. Die kommen aus New York und breiten sich flächendeckend über die Republik aus. Slams sind eine Mischung aus sportlichem Wettkampf, Party und Lesung. (...) So funktioniert es nicht nur in der Hamburger „Lounge", im Münchner „Substanz", sondern selbst in Hanau, Bottrop und Ludwigsburg. (...) *„Slams erleichtern den Zugang zur Literatur",* behauptet Thomas Wohlfahrt, Leiter der Literaturwerkstatt, *„Rhythmus und Laute können mitverarbeitet werden."* (...) *„Ein Slam ist wie eine gute Single",* sagt Marcel Hartges, Lektor beim Hamburger Rowohlt Verlag. *„Ein kleiner Hit, 3 Minuten, nicht 17 Minuten mit zwei Schlagzeug-Soli."* «

— aus: „Kleiner Hit. Gedichte-Wettlesen bei Bier und Punkmusik: Literatur-„Slams" in Diskotheken und Kneipen gelten als neuer Szenespaß. In: Der Spiegel, 2.10.1995, Ausgabe 40, S. 142

» Die meisten jugendlichen Performance-Poeten ziehen Zuschauer an, die konventionelle Dichterlesungen für ergraute Veranstaltungen mit Wasserglas und braven Fragen halten; ein Publikum, das die Leseforscher schon aufgegeben hatten. Jetzt findet es zurück zu einer Dichtung, die zwar mehr mit Popkonzerten als mit Literaturhäusern zu tun hat, aber letztendlich nichts anderes ist, als die Wiederkehr des guten alten Dichterwettstreits – allerdings mit aufmüpfigem, subkulturellem Anstrich. (...) *Der Eigenwert einer unterhaltsamen Performance werde in Deutschland stark unterschätzt,* sagt Alexander Pfeiffer, der in Wiesbaden „Poetry Slams" organisiert. Dabei könne sich der deutschen Literatur hier ein „neuer Ansatz" bieten. Die Zuschauer sollten sich wohlfühlen und wieder erkennen können und so auch an komplexere Literatur herangeführt werden. «

— aus: Sigrid Scherer: Vers Pervers oder „Ohne schlechtes Gewissen trivial sein", in: Frankfurter Allgemeine Zeitung, 7.8.2001

Die Lust am Schreiben teilt (Alexandra Becht) wahrscheinlich mit Tausenden heimlichen Heim-Schriftstellern. Sie würde ihr aber nur so viel Erfüllung bieten wie einem Musiker die fehlende Bühne, wenn da nicht die Auftritte bei den „Poetry Slams" wären, einer Underground-Veranstaltung von extrovertierten Gelegenheits-Dichtern. (...) Aus dem Schattendasein haben sich schon Schriftstellerinnen wie Tanja Dückers, Karen Duve oder Judith Hermann auf Slams „herausgelesen". Mittlerweile sind es 120 Städte, die eine eigene Szene bieten können und einmal im Jahr ihren erfolgreichsten Nachwuchs zum „German International Poetry-Slam" (GIPS) entsenden.

— aus: Olaf Kern: Weine nicht, kleine Poesie, in: Frankfurter Neue Presse, 16.03.2002

Großen Zulauf habe der Wettbewerb während der Buchmesse. Dann *„kommen viele Schriftsteller und Dichter zusammen. Sie sehen den Wettstreit als Chance, um zu erfahren, welche Wirkung ihre Gedichte beim Publikum haben"*, meint Jürgen Klumpe (Veranstalter des Poetry Slams in Frankfurt, Anm. d. R.).

— aus: Preiswürdiges Gespräch zweier Schulabgänger, in: Frankfurter Rundschau, 12.7.2001

"Ein Slam ist wie eine gute Single"

— Marcel Hartges, Lektor beim Hamburger Rowohlt Verlag.

Weiterdenker

- Informiert euch darüber, wie die ersten Poetry Slams in anderen europäischen Ländern aufgenommen wurden. Sammelt Pro- und Kontra-Meinungen und wertet sie aus.
- Warum sind Poetry Slams bei Dichtern und Publikum trotz einiger Kontra-Stimmen sehr beliebt?

Poetry Slam =

Inhalt

Poetry Slam – das ist performte Lyrik und Kurz-Prosa, die von den Vortragskünsten des Autors lebt. Der Slammer baut in seinem Vortrag Spannung auf, geht mit seinem Text mit und versucht darüber, das Publikum für sich zu gewinnen. Auch die Auswahl an Themen, die die Slammer aufgreifen, zeigt, dass sie nicht für ein handverlesenes, exklusives Publikum schreiben, sondern für die Öffentlichkeit: Alltags- und Nachtleben, das Verhältnis der Geschlechter zueinander und persönliche Missgeschicke des Alltags geben genug Stoff her für Texte, die das Leben schreibt und in denen sich das Publikum wiederfinden kann.

Was ist Prosa?

Prosa ist lateinisch und bedeutet *„geradeaus gerichtet/schlicht"* (prosa oratio = geradeaus gerichtete/schlichte Rede). Es ist die nicht durch Vers oder Reim gebundene Sprache. In der Dichtung wird Prosa hauptsächlich dann angewandt, wenn ein sachlicher, wirklichkeitsnaher Stil erreicht werden soll, so z. B. im Roman. Der Unterschied zur Lyrik besteht vor allem darin, dass die Prosa mehr den Inhalt in den Vordergrund rückt, während in der Lyrik der sprachliche Klang betont wird.

Was ist Lyrik?

Lyrik ist griechisch und heißt übersetzt *„zum Spiel der Lyra gehörend, mit Lyrabegleitung"*, also ursprünglich auch vorgetragene Poesie. Mehr als die beiden anderen Gattungen Epik und Dramatik ist die Lyrik empfindsam-subjektiver Ausdruck von Unmittelbarkeit, Gemüt und Gefühl.

Popularlyrik?!

Goethe

Die Idee, nicht nur für das eigene Ego oder für das Blatt Papier zu schreiben, sondern für die Öffentlichkeit, ist nicht neu. Schon Johann Wolfgang von Goethe erkannte, dass Lyrik (hier in einem Aufsatz über die Ballade) nur dann ihre Wirkung erreicht, wenn ihr Verfasser auch den Hörer berücksichtigt und ihn für sich gewinnt: *„Das Geheimnisvolle der Ballade entspringt aus der Vortragsweise. Der Sänger nämlich hat seinen prägnanten Gegenstand, seine Figuren, deren Taten und Bewegung so tief im Sinne, dass er nicht weiß, wie er ihn ans Tageslicht fördern will. Er bedient sich daher aller drei Grundarten der Poesie, um zunächst auszudrücken, was die Einbildungskraft erregen, den Geist beschäftigen soll; er kann lyrisch, episch, dramatisch beginnen und, nach Belieben die Formen wechselnd, fortfahren, zum Ende hineilen oder es weit hinausschieben."*

— In: Ballade, Betrachtung und Auslegung, 1821

Aufpasser & Hingucker

- Beim Slam werden mehr lyrische als erzählende Texte vorgetragen. Das lässt sich auch mit der Intention des Poetry Slam begründen. – Wie, das zeigen die oberen Texte, Aussagen und Definitionen.
- Wie versuchen die Slam-Regeln (s. S. 16/17), die Performance beim Slam zu berücksichtigten?
- Ein Slam ganz ohne Performance – könnte das auch funktionieren?

Die Berliner Slam-Poetin Xóchil A. Schütz über Performance und Publikum:

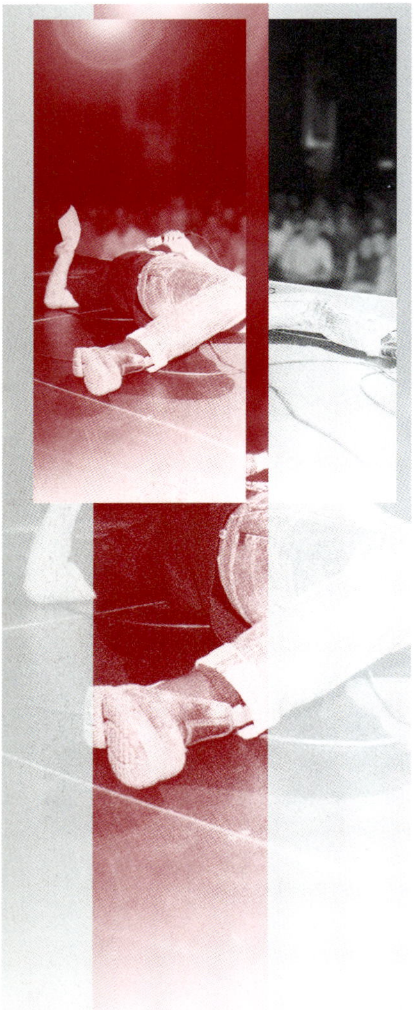

— Ausschnitt aus einem Interview der Autorin mit der Slammerin Xóchil A. Schütz

„Ein Performer muss in seiner Slam-Poetry Anschlussmöglichkeiten für das Publikum schaffen. Dazu gehört vorrangig, dass der Performer beim Vortrag authentisch ist.
Er spielt kein Schauspiel, schlüpft nicht in eine andere Rolle, sondern präsentiert seinen Text als die Person, die er als Autor ist. Zugleich macht er die Inhalte seines Textes für das Publikum erlebbar, indem er z.B. eine Sprache wählt, die das Publikum anspricht. Der Text sollte nicht auf die Metaebene führen und mit Reflexionen überladen sein. Intellektuelle Inhalte stören die unmittelbare Beziehung von Autor und Erlebtem. Ein Slam-Text verzaubert durch das Zusammenspiel von Bild, Klang und Inhalt. Die eigene Sprachmelodie und eine sichere, individuelle Bühnenpräsenz sind zentral für die Performance.
Die Geschichten sind nicht frei erfunden – stattdessen greift der Performer auf eigene Erfahrungen und Träume zurück. So vermittelt er Emotionalität und bezieht das Publikum direkt in seine Welt ein. Manche Performer vermitteln dem Publikum das Gefühl, es müsse gegenüber dem dargebotenen Inhalt unbedingt aufmerksam und wertschätzend sein, um die (psychische) Sicherheit des Performenden zu gewährleisten. Diese Haltung schreckt ab und löst beim Publikum Beklemmung aus. Das Publikum will gewonnen und unterhalten werden und nicht mit dem Gefühl alleingelassen sein, ein beeindruckendes Stück Literatur gehört zu haben, von dem es die Hälfte nicht verstanden hat."

... und Publikum

Kommunikationsdreieck

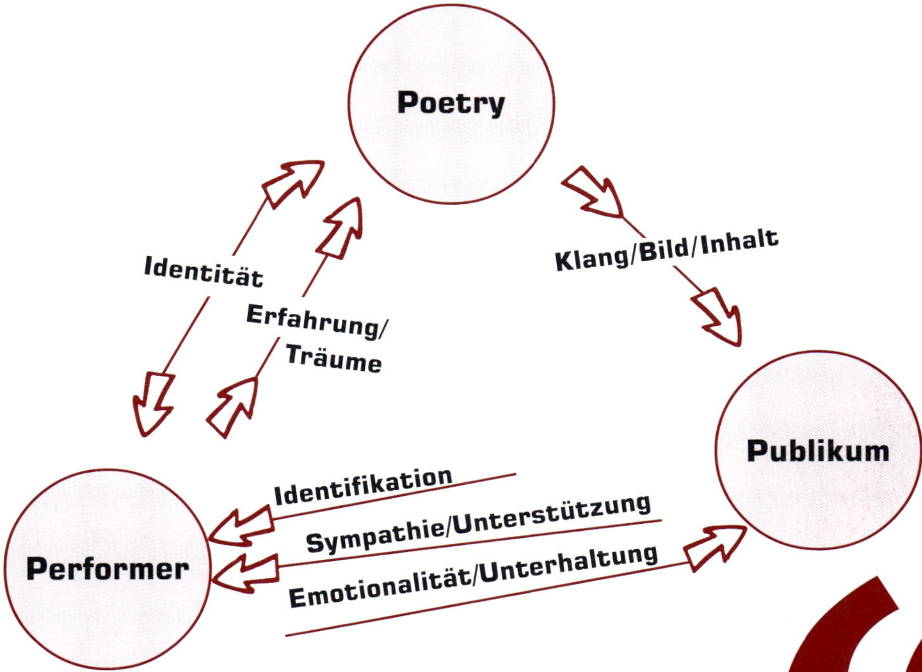

Weiterdenker

- Was versteht Xóchil A. Schütz unter dem Begriff „Anschlussmöglichkeiten“?
- Was würdest du als Künstler von deinem Publikum erwarten? Wie könntest du es erreichen?

Lesung, Event oder ...

Ein Poetry Slam und eine Lesung haben eine ähnliche Beziehung zueinander wie das Theaterstück zur Fernsehsendung. Beide haben Berührungspunkte, die in der Natur der Sache liegen – in dem einen Fall ist es die Schauspielerei, in dem anderen das Vortragen von selbstgeschriebenen Texten. Beide unterscheiden sich aber auch wesentlich in der Art der Präsentation voneinander.

Was sagt ein Veranstalter zum Slam?

Wolfgang Hogekamp, Slam-Poet und Veranstalter von spokenwordberlin, organisierte 1994 den ersten deutschsprachigen Slam in Berlin.

Welche Entwicklungslinien beim Poetry Slam sind dir aufgefallen?

» Die Bewegung ist so offen wie nie: Zahlreiche Slam-Poeten wagen neue Wege. Sie sind aktiv dabei, weitere Möglichkeiten, sich zu äußern, zu finden: Sie vertonen ihre Texte, inszenieren Poetry Clips oder arbeiten international an neuen Veranstaltungsformen. «

Gab es für dich ein schrecklichstes Erlebnis bei einem von dir ausgerichteten Slam?

» Das schlimmste war wohl eine Schlägerei, und zwar nicht auf der Bühne, sondern der Freund einer Frau, die slammte, und schlecht bewertet worden war, fing eine Prügelei mit der Jury an. «

Was motiviert dich, Slams auszurichten?

» Gute Frage. Die ursprüngliche Motivation war wohl die, dem immer mehr werdenden visuellen Bewusstsein etwas entgegenzusetzen, das Kommunikationsmittel Nummer eins, das ein jeder hat: seine eigene Sprache. Das haben dann auch viele schnell verstanden, slammer welcome. Auch meine Abneigung gegen die Sockelmentalität des akademischen Literaturbetriebs war ein Antrieb.
Spannend war auch, dass bei den frühen Slams oft Schauspieler auf die Bühne gingen

und ihren Text performten. Ihnen war die Reaktion des Publikums wichtig. Dann wussten sie, ob etwas funktioniert oder nicht! Das gleiche taten Sänger(innen) von Bands. Ich bin gerne Veranstalter, da man immer mehr selbst zu einer Art Medium wird. Der Lernprozess ist bei mir jedenfalls enorm, setzt aber Offenheit voraus.“

Performance und Event als Veranstaltungsformate:

„Ein Event ist auf die Intensivierung des Erlebniskonsums ausgerichtet und hat vier Merkmale: Es ist einzigartig, episodenhaft, gemeinschaftlich und interagierend. Eine Performance ist eine öffentliche Veranstaltung, die geplant, organisiert und zeitlich mit deutlich definiertem Anfang und Ende begrenzt ist. Sie ist an einen Raum gebunden, der als Veranstaltungsraum ausgewiesen ist, und hat eine Funktion für die Gemeinschaft. Eine Performance fordert die Teilnahme und Einbeziehung der Öffentlichkeit.“

— aus: Boris Preckwitz: Slam Poetry – Nachhut der Moderne. Eine literarische Bewegung als Anti-Avantgarde. Magisterarbeit 1997, S. 33 f.

Lesung, Event oder Performance

Erlebnis „Poetry Slam“

Poetry Slam	Lesung

AB_zum_Buch_S_026.pdf

Wer macht was ...

Bei einer Poetry-Slam-Veranstaltung kommt allen Beteiligten eine Aufgabe zu. Ein Slam gelingt erst dann, wenn jeder seine Rolle zugleich verantwortlich aber auch mit einer gewissen Leichtigkeit und Spaß an der Sache ausfüllt.

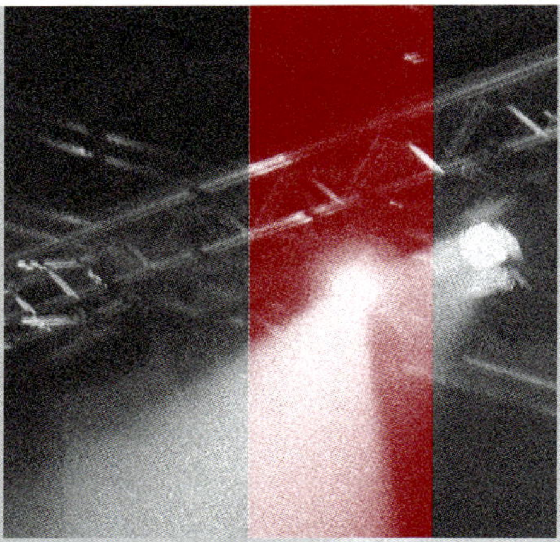

Veranstalter

Der Veranstalter agiert im Hintergrund, ist aber für viele organisatorische Details verantwortlich: Er macht die Termine und sucht den Veranstaltungsort aus, kümmert sich um die Bühnentechnik und die Bar und sorgt dafür, dass durch gute Öffentlichkeitsarbeit Publikum angezogen wird. Er kontaktiert die Slammer, die außer Konkurrenz das Rahmenprogramm gestalten, sowie einen MC, der durch den Abend leitet. Manchmal übernimmt der Veranstalter auch selbst die Moderation. Viele Veranstalter gehen auch selbst mit Beiträgen beim eigenen oder bei anderen Slams auf die Bühne. Seine Hauptaufgabe besteht darin, durch die geeignete Auswahl des Ortes und durch einen regelmäßigen Termin die Veranstaltung Poetry Slam zu etablieren und die Slammer dadurch zu unterstützen.

MC (Master of Ceremony)

Der MC ist für die Stimmung beim Slam verantwortlich: Er stimmt das Publikum durch Komik (z.B. übertriebene Gestik, Kostümierung) auf den Slam ein, wobei dem Wettbewerbscharakter der Veranstaltung möglichst der Ernst genommen werden soll. Sein Ziel ist, dass das Publikum eine freudige Erwartungshaltung gegenüber jedem Slammer aufbaut und keine Hierarchien im Vorfeld entstehen. Der MC bestimmt ferner die Reihenfolge der auftretenden Slammer, nimmt neue in die Liste auf und arrangiert die Künstler so, dass sie aufeinander reagieren können. Er muss einen gemeinsamen Rahmen für die unterschiedlichen Künstler und Texte schaffen. Außerdem erklärt er dem Publikum und den Slammern die Spielregeln und wählt die Jury aus. Er kann selbst Leute als Juroren bestimmen oder auf freiwillige Meldungen eingehen. Bei manchen Slams entscheidet das gesamte Publikum, sodass der MC den Applaus bzw. die Handzeichen auswerten und in einer für alle sichtbare Liste eintragen muss. Der Punktestand soll durch den MC regelmäßig mitgeteilt werden, damit die Transparenz gewährleistet ist.

Jury

Den Juroren kommt eine im wahrsten Sinne des Wortes entscheidende Rolle zu: Sie bestimmen, welcher Slammer als Sieger hervorgeht. Bei einigen Slams stellen sich die Juroren auf der Bühne vor und müssen begründen, warum sie sich für diese Aufgabe als besonders geeignet fühlen. Meist werden absurde Gründe angeführt, um wiederum den Ernst des Wettbewerbs zu mindern. Bei multikulturellen Veranstaltungen kann der MC auch einen Juroren bestimmen, der die Sprachen der Künstler nicht versteht und nur die klangliche Qualität des Beitrags bewertet. Die Abstimmungsregeln variieren von Slam zu Slam, sodass sich Tätigkeiten der Juroren

Jury

unterscheiden. Oft erhalten die Juroren Schilder, auf denen Zahlen von 1–6 oder ein anderer Maßstab stehen. Diese Schilder halten sie nach jedem Slam-Auftritt hoch, damit der MC die Punktvergabe in seine Liste übertragen kann. Oft begründen sie mündlich ihre Punktverteilung und müssen sich Kommentaren der anderen Anwesenden aussetzen. Um die Jury vom Publikum zu trennen und die Spannung zu steigern, kann der MC die Juroren auch auf der Bühne platzieren. Die Jury versteht sich als Vermittlung zwischen Publikum und Künstler: Sie kann der Stimmung des Publikums folgen oder aber dem Künstler durch gute Punkte Aufwind geben und gegen die Publikumsmeinung abstimmen. Um selbstherrlichen, willkürlichen Juroren kein Forum zu bieten, streichen manche MCs die jeweils niedrigste und höchste Bewertung.

Slammer

Die Aufgabe des Slammers ist es in erster Linie, dem Präsentationsdruck und dem Lampenfieber standzuhalten und eine Bühnenpräsenz zu entwickeln. Dazu gehört die Begrüßung des Publikums, die Präsentation der Performance und die authentische, konzentrierte und selbstbewusste Darbietung. Wer sich verunsichern lässt, signalisiert, dass er den Slam, seinen eigenen Text und auch das Publikum nicht ernst genug nimmt – und verliert dadurch die Gunst des Publikums. Wesentlich ist, dass der Slammer nicht aus Eigennutz oder Selbstgefälligkeit auf der Bühne steht, sondern weil er dem Publikum etwas weitergeben möchte – eine Erfahrung, ein Gefühl, eine Aktion. Durch die Regelmäßigkeit der Slams sowie Einladung zu Veranstaltungen werden die Slammer angeregt, neue Texte zu produzieren und anzubieten.

Publikum

Das Publikum wird nicht nur durch die Slam-Auftritte, sondern auch durch den MC und die Jury in Stimmung gebracht. Entscheidet die Jury zu oft gegen das Publikum, kommt es zu Störungen, die auch den jeweils folgenden Auftritt eines Slammers beeinträchtigen können. Zwischenrufe sind jedoch keineswegs verboten: Der MC sollte das Publikum stets zur verantwortungsvollen Einmischung animieren. Unmotivierend für alle Beteiligten ist ein stummes, zurückhaltendes Publikum, da dadurch die Hemmschwelle, auf die Bühne zu gehen, größer wird. Wünschenswert ist dagegen, dass das Publikum unmittelbare Rückmeldung gibt und damit Offenheit für die Beiträge signalisiert. Diese Teilnahme kann in Eigeninitiative umschlagen, etwa wenn Personen aus dem Publikum beim nächsten Slam mit eigenen Texten auf die Bühne gehen oder sich sogar während der laufenden Veranstaltung spontan mit einem Beitrag beim MC melden und sich der Jury stellen.

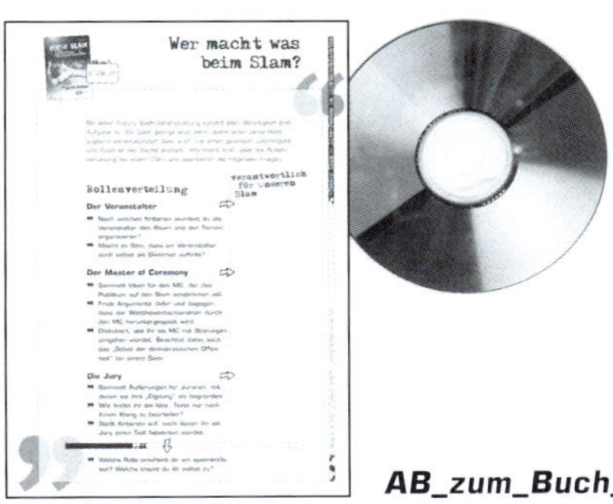

AB_zum_Buch_S_028.pdf

Dichterwettkämpfe ...

Dichterwettkämpfe gibt es nicht erst seit Poetry Slam. Die Geschichte kennt diese Form des literarischen Wettbewerbs schon sehr lange, wie die Übersicht zeigt:

700 v. Chr.: Im antiken Griechenland entstehen musische Wettkämpfe (Agone), bei denen die Teilnehmenden um jeden Preis wetteifern. Aufgabe: Eine Hymne an die Gottheit singen. *(Agon = sportlicher oder künstlerischer Wettkampf.)*

400 v. Chr.: Griechenland: Künstler schließen sich zu Gilden zusammen und verdienen ihr Geld, indem sie von einem Agon zum nächsten ziehen.

86 n. Chr.: Der römische Kaiser Domitian stiftet den Lorbeerkranz für den Poesie- und Rhetorik-Wettbewerb. Sieger: Dichter Statius, der Lobeshymnen auf die römischen Siege über die Germanen vorträgt.

Mitte des 12. Jh. bis Ende 14. Jh.: Ritter ziehen als Dichter und Sänger von Hof zu Hof und tragen in Konkurrenz ihre Gedichte an Fürstenhöfen vor. Aufgabe: Fürstenlob, Huldigung der Herrin durch Minnesang.

14. Jh. in den Niederlanden: Städtische Gilden und Handwerkszünfte veranstalten Literaturwettbewerbe, bei denen Redezirkel, Singspiele, Dramen und Gedichtlesungen aufgeführt werden.

14./15. Jh.: In Deutschland etabliert sich der sogenannte Meistersang, d. h. kirchlich organisierte Singbruderschaften, die bei Prozessionen und Festtagen ein Wettsingen aufführen. Aufgabe: festgelegte lyrische Regeln handwerklich meisterhaft umsetzen.

1797: In dem sogenannten Balladenjahr schrieben Goethe und Schiller im Wettstreit Balladen (Goethe: u. a. *„Der Zauberlehrling“, „Die Braut von Korinth“*, Schiller: u. a. *„Der Taucher“, „Der Handschuh“*). Sie berieten und ergänzten sich gegenseitig und machten die Ballade zum Gegenstand eines bewussten Kunstwillens und ästhetischen Experiments.

... in der Geschichte

1802: In Bern versammeln sich die Dichter Heinrich von Kleist, Ludwig Wieland und Heinrich Zschocke zum poetischen Wettkampf: Zu dem französischen Kupferstich „la cruche cassée“ sollte Wieland eine Satire, Kleist ein Lustspiel und Zschocke eine Erzählung schreiben. Kleist gewinnt den Wettbewerb mit *„Der zerbrochne Krug“*.

1977: In Klagenfurt (Österreich) findet der erste Ingeborg-Bachmann-Wettbewerb statt. Die von der Jury nominierten Autorinnen und Autoren lesen vor Publikum und laufenden Fernsehkameras aus bisher unveröffentlichten Texten. Der Ingeborg-Bachmann-Preis ist inzwischen eine feste Institution und wird Jahr für Jahr durchgeführt.

1998: Der Gedichtwettbewerb der Bibliothek deutschsprachiger Gedichte findet zum ersten Mal statt und wird seitdem jährlich ausgetragen: www.gedichte-bibliothek.de/Wettbewerb/wettbewerb_neu.html

2003: Der Verein Deutsche Sprache ruft zum Wettstreit „Deutschland sucht den Superdichter“ auf. 3000 Poeten aus dem gesamten deutschsprachigen Raum beteiligen sich mit über 5000 Gedichten.

2007: Die Frankfurter Bibliothek veranstaltet einen Gedichtwettbewerb mit der Möglichkeit, ein kostenloses Fernstudium „Literarisches Schreiben“ zu gewinnen: www.brentano-gesellschaft.de/Frankfurter%20Bibliothek/Online-Gedicht.php

Weiterdenker

- Gibt es noch mehr Beispiele für Dichterwettstreite in der Literaturgeschichte?
- Warum messen sich Dichter auf diese Art und Weise miteinander?
- Welche Dichterwettstreite haben Gemeinsamkeiten mit dem Poetry Slam?

Deutschland sucht den Superstar:

Die Talent-Show, bei der sich potentielle Popstars und-sternchen zum Ruhm singen, durchläuft im Jahr 2007 ihre vierte Runde. Die Superstar-Kandidaten müssen sich zunächst in einigen Castings bewähren, die in verschiedenen deutschen Städten durchgeführt werden. Die Finalisten bereiten sich dann auf ihre erste Motto-Show vor. Sie singen und performen Titel ihrer Lieblingsstars. Auch wenn die Jury aus Produzent Dieter Bohlen, Heinz Henn und Anja Lukaseder brutal-ehrliche Kritik äußert – die letzte Stimme hat das Publikum: Die Zuschauer stimmen per Telefon-Voting ab. Durch die Sendung führt ein Moderatorenpaar, das mit den Kandidaten über Hintergründe und Stimmungen spricht. Der Wettbewerb wurde im Jahr 2004 erstmalig weltweit ausgefochten: Sänger aus elf Nationen traten in der Weihnachtszeit bei dem zweiteiligen Spezial „Superstar – Weltweit“ gegeneinander an.

Deutschland sucht den Superdichter:

Unter dem Motto «Deutschland sucht den Superdichter» haben der Verein Deutsche Sprache und weitere Sprachgesellschaften im Jahr 2003 einen Gedichtwettbewerb ausgeschrieben.
Die Aktion, die unter der Schirmherrschaft von Bernhard Vogel stand, animierte mit ihrer Ausschreibung das Volk der Dichter

und Denker zu selbstverfassten Versen, die in Weimar von einer professionellen Jury bewertet wurden. Die 25 besten Autoren wurden am Tag der Deutschen Sprache, dem 13. September, zu einer öffentlichen Veranstaltung ins Weimarer Schlösschen Belvedere eingeladen. Zu gewinnen gab es einen „Klapprechner" (die deutsche Entsprechung für einen Laptop) und eine Büste des Siegers.

Weiterdenker

- Einmal auf der Bühne stehen – welche Motivation haben Popstar- und Superstar-Kandidaten deiner Meinung nach?
- Warum ist die Suche nach Stars zur Zeit so populär?

Text und Klang

Was ist das Besondere an der Dichtung?
Warum ist es wichtig, bestimmte Texte laut vorzutragen?
Bas Böttcher, ein berühmter deutscher Rap-Poet, sieht das so:

Plädoyer für die Wiederentdeckung der akustischen Dimension von Dichtung

„Im Unterschied zu den Werken anderer Kunstformen hat ein Gedicht die faszinierende Fähigkeit, auf verschiedenste Weise in Erscheinung zu treten und dabei gleichzeitig original zu bleiben. Wenn man einmal von Mischformen wie visueller Poesie und Lautgedichten absieht, spielt es keine Rolle, ob ein Gedicht auf Zeitungspapier gedruckt ist, im Kopf auswendig gelernt ist, als Audioaufnahme auf CD gebrannt ist, in Blindenschrift geprägt ist, als SMS auf dem Flüssigkristall-Display erscheint oder von einer Stimme rezitiert wird. Es handelt sich in jedem Falle immer um das Originalgedicht.
Bei anderen Künsten verhält es sich anders: Der Vierfarbabdruck oder der jpg-Scan eines Bildes von van Gogh wird immer nur eine Abbildung des Originals bleiben. (...)
Keine andere Kunstform bietet die Möglichkeit, ihren Rezipienten auf so mannigfaltige Weise zu erreichen wie die Dichtung. Sie kann durch alle Kanäle schlüpfen. (...) Es gibt kein Medium, das nicht als Trägermedium für Dichtung geeignet wäre. (...) In der Entwicklungsgeschichte der Dichtung dominierte ursprünglich der öffentliche Vortrag als Verbreitungsmedium. (...) Je nach Alphabetisierungsgrad und Verfügbarkeit des Buchdrucks in einem Kulturkreis variieren die Jahreszahlen, mit denen der Wandel hin zur schriftlichen Verbreitungsform begann. (...)
Sicher hat auch die geschriebene Form eines Gedichtes ihre Vorzüge. Die neutrale „Stimme" des Gedruckten, die zeitlose Verfügbarkeit aller Worte, der gerichtete und dadurch konzentrierte Blick des Rezipienten, das Look and Feel von Typographie und Papier und nicht zuletzt die relativ leichte und vor allem gängige Vermarktbarkeit von Lyrik in Buchform.

Spoken Word: **www.spokenwordberlin.net/preise/literaturpreise.htm**
rcswww.urz.tu-dresden.de/~english3/price/songs.htm
Bas Böttcher: **www.rapoetry.de**

Ein paar wichtige Eigenschaften fehlen aber der schriftlichen Veröffentlichungsform. Die wichtigste scheint mir der Klang zu sein. Aufgrund dieses Mangels ist ein schriftlicher Text immer zur Passivität gezwungen. Er kann im Gegensatz zu einem gesprochenen Text nicht offensiv auf sein Publikum hinwirken. Es fehlt ihm – außer vielleicht als Plakat gedruckt – die Möglichkeit, seine Aufmerksamkeit einzufordern. Es fehlt die dritte Dimension. Der akustische Zeitstrahl, auf dem Rhythmik, Klang, Assonanz, Dynamik und Wortsinn entlanggleiten können, um die Zuhörer in einen pulsierenden Sprachfluss zu reißen.
Höchstwahrscheinlich ist das lange Zeit bemängelte allgemeine Desinteresse an Dichtung eine Folge dieser Passivität der geschriebenen Form. – Die sensationellen Erfolge von Lesungen der neuen Spoken-Word-Bewegung zeigen, dass aktiv und lebendig gesprochene Lyrik ganz selbstverständlich in der Lage ist, Zuspruch von einem großen Publikum zu bekommen. Gesprochene Gedichte schaffen auch einem unbelesenen Publikum Zugang zur Dichtung. Im Fahrwasser der populären Lesungen und Festivals konnten schon einige Buchverlage ihre Auflagen für Lyriktitel steigern. (...)"

— Bas Böttcher, Beitrag zum Colloquium ‚Quo vadis Gedicht?' beim Poesiefestival Berlin 2003. Aus: www.uni-weimar.de/%7Eboettch1/eigene3.html

„Gesprochene Gedichte schaffen auch einem unbelesenen Publikum Zugang zur Dichtung."

— Bas Böttcher

Weiterdenker

- Was meinst du: Helfen Poetry Slams Kunstbanausen und Lesemuffeln wieder auf die Sprünge?
- Wie schafft es Dichtung, bei einem Poetry Slam *„durch alle Köpfe (zu) schlüpfen"*, wie Bas Böttcher sagt?
- Welche Medien sind für Lyrik sinnvoll/welche überhaupt nicht?

Rap, HipHop, Jazz ...

Bei Poetry Slams treffen Künstler aus ganz unterschiedlichen Szenen zusammen: Rapper, HipHopper, Poeten mit sozialkritischem Anspruch und auch Jazz-Musiker, die zusammen mit Poeten Texte performen. Poetry Slam vereint als Veranstaltung diese Strömungen und gibt für jeden ein Forum, wenn die Slam-Regeln grundsätzlich eingehalten werden.

Was Slam Poetry mit Rap, HipHop und Jazz gemeinsam hat, zeigen die folgenden Zitate:

Bob Holman

„Rap is poetry: A spoken rap, or hip-hop, is a form of poetry, in my opinion, and since it is spoken, it is spoken word poetry."

— aus: www.msu.edu/~miazgama/spokenword.htm

Toni Blackman

„Poetry is to rap as sun is to light."

Wer rappt, macht Poetry

Der Rap ist und war – trotz der zunehmenden Kommerzialisierung – grundsätzlich ein Sprachrohr für die zu Außenseitern gemachten Menschen in der amerikanischen Gesellschaft. Der Sprechgesang handelt von der täglichen Gewalterfahrung, von Rassismus und Unterdrückung in den Ghettos sowie von Armut und Alkoholismus. Die Last Poets waren die erste Rap-Band, die ihre Lieder an Straßenecken performt hat. Sie wollten u.a. Jugendliche ansprechen, die durch fehlende Schulbildung nicht lesen konnten.

Die amerikanische Spoken-Word-Bewegung knüpfte an diese mündlich überlieferte, sozialkritische Richtung an: Die Lyrik der Slammer verzichtete auf klassische Versmaße, suchte die Nähe zum Slang und prangert vor allem soziale Missstände an. Heute gibt es viele Rap-Künstler, die an Slams teilnehmen. Bas(tian) Böttcher, der Rapper der deutschsprachigen Gruppe Zentrifugal, gewann 1997 den ersten „National Poetry Slam".

Info

Bas Boettcher/Zentrifugal: *„Was früher der Jambus war, ist heute der 4/4-Takt des Raps“*, behauptet Bas Böttcher. Zusammen mit DJ Loris Negro und MC Paul bildet er die Rap-Band Zentrifugal. (...) Mit seiner Rap-Lyrik hat er den Spagat zwischen Frankfurter Allgemeine Zeitung und VIVA, zwischen HipHop-Szene und Goethe-Institut geschafft. Bereits sind einige seiner Texte für den Deutschunterricht an amerikanischen Schulen aufbereitet worden. *„Für mich sind Raps dann wertvolle Lyrik, wenn sie auch für sich alleine bestehen können, ohne Sounds im Hintergrund, wenn sie also aus dem reinen Wortlaut heraus leben und wirken. Wo aber Beats und Bässe gebraucht werden, um mit den Texten tiefgründige Stimmung zu erzeugen, würde ich wohl von ‚lyrics‘ reden, und nicht von Poesie“*, erklärte Böttcher in einem Interview den Unterschied zwischen Rap und Lyrik. Erst später stieß Böttcher zur Slam-Szene, ist heute aber einer ihrer erfolgreichsten Exponenten. (...)

— aus: www.zusammenstoss.ch/lios.ch/Lios00/zentri.html

„The distance between rap and poetry has always been as thin as the page of a book. That gap disappears in „Spoken Word,“ an energetic and wry all-poetry edition of the smash MTV series „Unplugged.“

— aus: www.english.upenn.edu/~afilreis/88/spoken-word-per-james.html

Caryn James (New York Times)

Weiterdenker

- In einem Radiointerview berichtet der Schulentwicklungsforscher Jeffrey Duncan-Andrade, dass Rap-Texte im Unterricht eine Brücke für Schülerinnen und Schüler seien, um traditionelle Dichtung sowie deren Stilmittel besser zu verstehen. Außerdem würden durch die Texte Diskussionen über gesellschaftliche Probleme angeregt. – Muss Rap-Lyrik zur Pflichtlektüre in der Schule gehören?

Auch Jazz ist ...

Die ersten Poetry Slams fanden in Jazzclubs statt. Slampapi Marc Smith veranstaltet auch heute noch monatliche Pong Jam Slams, bei denen Poeten zusammen mit der Band The Pong Unit performen. Die Band ist neben dem Jazz auch von Elementen aus Folk, Country und Klassik beeinflusst. Marc Smith ist der Sänger der Band und performt seine Texte mit musikalischer Begleitung:

„We were always experimenting with new gags (...) to perk up the presentation of our poetry. We wanted to test the untested possibilities, and on this night our plan was to insert a little real life action into the jazz – my ten year old daughter. She would be playing with blocks on the floor in front of us."

— aus: http://www.slampapi.com

Das Grundelement des Jazz ist der Zeitgeist, der mit dem Wort „swing" gekennzeichnet wird. Jazz ist eine spontane, vitale musikalische Produktion, die Improvisationen enthält. Eine Jazz-Improvisation wird über vorgegebene Harmonien gelegt, im Free-Jazz ist das Musizieren vollkommen spontan. Die Improvisation ist stets ein Ausdruck der ureigenen Persönlichkeit des Improvisierenden und Teil seiner geistigen, musikalischen und emotionalen Situation.

Ornette Coleman, Jazzmusiker. — aus: www.jazzpages.com/jzzqu_d_fr.htm#mc

„Wenn du morgens aufstehst, musst du dich zuerst anziehen, bevor du hinausgehen und deinen Tag leben kannst. Aber deine Kleidung sagt dir nicht, wohin du gehen kannst, sie geht dorthin, wo du hingehst. Eine Melodie ist wie deine Kleidung."

... Improvisation

Slam-Poeten benutzen Jazz-Elemente:

- Die Texte enthalten Strophe und Refrain.
- Slam-Poeten zitieren andere Textfragmente.
- Sie greifen Motive auf oder antworten mit ihren Texten auf andere Slam Poetry.
- In den Finalrunden beim National Slam performen mehrere Slammer gemeinsam einen Text mit Soli, Begleitung, Chor und Improvisation.
- In Frankfurt a.M. gibt es während des Sommerwerft-Theaterfestivals 2006 einen Poetry Slam mit Jazz-Band-Begleitung.
- Auch Elektro-Musiker kommen auf den Slam: Im Frankfurter bcn-Café können DJs an bereitgestellten MPCs (Sampling-Boxen) 10 Minuten performen. Stilistisch gibt's keine Vorgaben!
- Der Schauspieler Christian Brückner und die Band „Lone World Trio" vertonen Literatur von Beat- und Underground-Poeten mit Jazz-Klängen.

Weiterdenker

Welche Vorteile kann ein Slam mit Musikbegleitung haben?

CD-Tipps:

- Brückner Beat & the Lone World Trio. Hazelwood Music Production. ISBN: 3000069801
- Brückner Bukowski. Musikalisch inszeniert von Yalcov Tribe. Deutsch G (Universal). ASIN: B00008CQ0Q

Dieser Beat ist ...

Social-Beat-Künstler sind die „Realos“ unter den Live-Poeten. Statt schöner Worte setzen sie auf die Wirklichkeit und verbinden kulturelle mit politischen Fragen. Als „außerliterarische Opposition“ richten sie sich gegen bloßes Entertainment – und lehnten den Poetry Slam zunächst ab. Da der Slam jedoch immer beliebter wurde, nutzten sie schon frühzeitig dieses neue Veranstaltungsformat, um ihre Texte der Öffentlichkeit zu präsentieren.

„Beat“: *das Wilde, Unangepasste*
„social“: *Autoren greifen Themen auf, die viele Menschen berühren*

1993 fand das erste große „Social-Beat“-Festival in Berlin im Stadtteil Prenzlauer Berg statt.
Social-Beat-Autoren und -Texte – zum Beispiel ...
... **„Mainhattan City Blues“** (Rudi Proske)
... **„Krasse Schnitte“** (Andi Lück)
... **„Ficken Fatal“** (Enno Stahl)
... **„Poesie der Müllhalden“** (Kersten Flenter)

Die eigentliche Beat Generation hat sich schon in den 40er Jahren gegründet: Die Geburtsstunde war das Jahr 1944, als sich Allen Ginsberg, Jack Kerouac und William S. Burroughs in New York begegneten und zusammen als Vordenker mit neuen dichterischen Ausdrucksweisen experimentierten:

Ich hasse die spießige Angepasstheit der Leute!

Mein Lebensmotto ist: Nur ein freies und gefährliches Leben ist ein künstlerisches Leben!

Stimmt, es gibt keinen Unterschied zwischen Leben und Kunst.

Dann lass uns unsere Texte in Cafés und Galerien vortragen!

www.social-beat.com/social-beat/new_old/body_new_old.html
www.socialbeat.net
www.beatmuseum.org

Allen Ginsberg: The Howl

Erste Lesung in der Six Gallery, 7. Oktober 1955

Im Herbst 1955 entschloss sich eine Gruppe von sechs unbekannten Dichtern in einem Augenblick betrunkenen Überschwangs, das System aus akademischer Poesie, beamteten Rezensenten, New Yorker Verlagsmaschinerie, nationaler Einfältigkeit und allgemein akzeptierter Standards des guten Geschmacks herauszufordern, indem sie eine offene Lesung ihrer Gedichte in einer heruntergekommenen, zweitklassigen Galerie für experimentelle Kunst im Schwarzenviertel von San Francisco veranstaltete. Sie verschickten hundert Postkarten, hängten Zettel in den Bars von North Beach auf, kauften eine Menge Wein, um das Publikum betrunken zu machen, und luden den bekannten Anarchisten und Dichter der Stadt Kenneth Rexroth ein, als Zeremonienmeister zu fungieren. Ihre Vorgehensweise war ausgesprochen amateurhaft und albern, aber es sollte doch gesagt werden, dass hier Erfahrung und Charakter in bemerkenswerter Weise versammelt waren – wirklich gute Dichter, die wussten, was sie da schrieben, und denen alles andere egal war.
Sie betranken sich, das Publikum betrank sich und das einzige, was noch fehlte, war eine Orgie. Es war keine normale Dichterlesung. Eigentlich war es alles andere als eine Dichterlesung. Die Lesung war ein derart gewalttätiger und wundervoller Ausdruck ihrer revolutionären Persönlichkeiten (eine Eigenschaft, die in der amerikanischen Poesie seit Whitmans Dichtungen gemieden wurde), und brachte eine derartige Fülle großartiger, so nicht erwarteter Dichtung, von den Dichtern mit einer solchen Hingabe und Freude präsentiert, dass das Publikum sprachlos war, weil es irgendwelche böhmischen Dörfer erwartet hatte, und den Dichtern klar wurde, dass das Schicksal sie dazu ausersehen hatte, eine dauerhafte Veränderung am literarischen Firmament der Vereinigten Staaten durchzuführen.
(...)
Die großartigste Erschütterung des Abends aber war der Vortrag des mittlerweile berühmten rhapsodischen Gedichtes Howl von Allen Ginsberg. (...) Dieses Gedicht führte eine neue Kompositionsform in den USA ein, indem es zur Tradition der bardischen Strophe von

Apollinaire, Whitman, Artaud, Lorca und Majakowski zurückkehrt, die in den USA bisher ignoriert wurde – und über diese Tradition hinausgeht, indem es die langen Zeilen und die Kohärenz von Whitman mit der kubistischen Bildwelt spanischer und französischer Tradition verbindet, und all diesem eine großartige rhythmische Struktur gibt, die auf der relativ einfachen Ebene der Wiederholung beginnt, sich zum rhythmischen Wendepunkt einer Fuge von Bach aufbaut und ihren Höhepunkt findet in der ekstatischen Länge der Zeilenstruktur. (...)
Das Gedicht ist, in drei Teilen, wie eine Pyramide gebaut und endet in großartig mitleidsvollen Tränen – Protest gegen die entmenschlichende Mechanisierung der amerikanischen Kultur und Bestätigung von ureigen individuellem Mitleiden in einem großen Gedicht.
Der Dichter, der von seiner eigenen Kraft überrascht schien, begann seine Lesung betrunken, wurde auf der Bühne aber immer nüchterner, steigerte sich mit einer außerordentlichen ekstatischen Intensität, trug dem erstaunten Publikum eine spirituelle Beichte vor – schloß tränenüberströmt und stellte somit in der amerikanischen Dichtung die Tradition des prophetischen Bewusstseins wieder her, die diese seit Hart Cranes The Bridge, einem anderen gefeierten mystischen Text, verloren hatte.

— Allen Ginsberg und Gregory Corso in: Howl – Geheul. Edition Michael Kellner 1998

☞ zum Gedicht „Howl" s. S. 142/143

Die Autoren wurden schon bald zu Stars der amerikanischen Kunst- und Literaturgeschichte ... und zu großen Vorbildern kultureller Massenbewegungen, wie z.B. der „Hippies“.

Die Beat Generation steht noch heute für die Möglichkeit, subkulturell Literatur zu produzieren, durch z.B. offene Poetry Cafés interaktive Strukturen zu schaffen und den alternativen Literaturbetrieb zu unterstützen. Ginsberg und Burroughs sind Ende der 70er Jahre oft im Nuyorican Poets Café in New York zu sehen, wo einige Jahre später die ersten Poetry Slams stattfinden.

NUYORICAN POETS CAFE

www.nuyorican.org

Einer der Mitbegründer des Szene-Cafes ist der New Yorker Underground-Poet Miguel Piñero. Piñero, Dichter, Dieb, Straßenkämpfer und Schauspieler puertoricanischer Herkunft, verstand sich selbst stets als Wanderer zwischen zwei Welten (Nuyorican = New Yorker Puertorican). 1988 stirbt der „Nuyorican“ mit nicht mal vierzig Jahren an den Folgen seiner Drogenexzesse. Seine Lebensgeschichte zeigt der Film „Piñero“ von Leon Ichaso.
Best.-Nr. der Film-DVD (ASIN): B00007KGAX

„(Slam poetry) has nothing to do with people on social welfare or anything. (...) You know, it's about regular every day people it's not about intellectuals who needed to drop out of society because somehow they couldn't cope with the fifties.“

— Marc Smith im Interview mit Tobias Kirsch. In: Schönauer, Michael u. Joachim (Hg): Social Beat Slam! Poetry. Band 3, Killroy media Verlag, 2001, S.145f.

Slam aus Tradition:

Die Basken slammen schon seit Hunderten von Jahren!

Das Baskenland gehört teils zu Spanien, teils zu Frankreich. Insgesamt leben in dieser Region ca. drei Millionen Basken. Davon sprechen aber nur ca. 600.000 die baskische Sprache. Dieser Zustand hat politische Gründe. So war Baskisch in Spanien unter der Franco-Diktatur verboten und ist erst seit Ende der 70er Jahre wieder als Unterrichtssprache in den Schulen zugelassen.

Bertsolaritza heißt „Dichtungsmacherei":
Bertsolaritza ist ein öffentliches Spektakel auf Marktplätzen, in Theatern oder Clubs. Die Künstler improvisieren vor einem Publikum und werden in nationalen Meisterschaften durch eine Jury bewertet. Das Publikum ist sehr gemischt, was das Alter und die soziale Stellung betrifft. Bertsolaritza ist für die baskische Gesellschaft vor allem wichtig, weil dabei Selbstvertrauen und selbstverständlicher Umgang mit der eigenen (Sprach-)Kultur gepflegt und von Generation zu Generation weitergegeben werden.

Die Sprache:

- eine der ältesten in Europa
- lange Tradition
- mündlich überliefert in Straßentheatern, Predigten und Liedern und im Bertsolaritza

Improvisation:

Der Künstler erhält per Zuruf ein Thema oder eine Situation.
Das Publikum oder der Moderator gibt Anweisungen zu Versform, Stimmung und Ausgang des Gedichtes.
Die Interaktion zwischen Dichter und Zuhörerschaft geht oft so weit, dass der Künstler Verse beginnt und das Publikum diese Verse per Zuruf ergänzt bzw. vollendet.

Bertsolaritza

Inhalte und Form:

Die Dichter benutzen verschiedene Versformen für ihre Texte, die häufigsten heißen Zortziko Nagusia (Zeilen mit je 10 und 8 Silben wechseln sich ab) und Zortziko Txikia (Zeilen mit je 7 und 6 Silben wechseln sich ab).

- nationale oder internationale politische Ereignisse
- Situationen aus dem familiären Bereich (z.B. Vater-Sohn-Beziehung)
- unmittelbare, humorvolle Alltagsbeobachtungen und natürlich das Thema Liebe

Jury:

- meist Sprachwissenschaftler oder
- andere erfolgreiche Bertsolaritza-Künstler

„Einmal pro Woche erhielten wir Unterricht in Bertsolaritza. Die Lehrerin gab uns die Aufgabe, zu einem bestimmten Thema einen Bertso zu schreiben. Sie sammelte die besten Texte ein und fasste sie als kleines Buch zusammen, das jeder Schüler erhielt. Wer Interesse daran hatte, konnte die Bertsolaritza-Schule besuchen, wo junge Künstler von etablierten Künstlern das Handwerk lernen."

— **Pablo Mendarozketa (30), ein Baske aus der Nähe von Bilbao, über seine Schulzeit.**

Schreibübung

Schon mal versucht, Verse nach Silbenlänge zu schmieden? Probier doch mal eine der oben beschriebenen Formen aus!

Vom Text ...

Wolfgang Hogekamp, Initiator der Berliner Spoken-Word-Bewegung, und der Rap-Poet Bas Böttcher haben ein ganz neues Format entwickelt: den Poetry Clip. Die Clips sind für das Fernsehen bzw. für die online-Nutzung konzipiert und folgen dem Prinzip:

Ein Autor – ein Text – ein Ort

Mit diesem Format können unterschiedliche Texte und Künstler zusammengefasst werden.
Die Szenen bilden die jeweilige Performance sowie den Kontext der Texte ab. Die ausgewählte Musik, der Ort und die Kameraführung unterstreichen das zu vermittelnde Anliegen des Textes und den Stil des Künstlers.
Die Poetry Clips sind drei bis fünf Minuten lang, haben also etwa Popsonglänge. Die Poetinnen und Poeten stellen ihre Textperformance in einem dafür ausgesuchten Ambiente dar. Die Clips sind also keine abgefilmten Liveacts von Poetry Slams, sondern haben einen artifiziellen Rahmen. Damit erweitern sie die Poetry-Kunst und ermöglichen eine neue, audiovisuelle Rezeptionsweise von Literatur. Die Poeten schauen die Zuschauer direkt an und erzeugen damit Publikumsnähe.
Ein Poetry Clip ist darüber hinaus ein Marketing-Instrument, das auch über den Slam hinaus die Slam Poetry der Öffentlichkeit zugänglich macht. Es ist damit ein weiteres literarisches Erlebnisprodukt.

☞ Infos zu Ralf Schmerbergs Film findest du unter: **www.poem-derfilm.de**

... zum Videoclip

Kennt ihr Musikvideos von „Die fantastischen Vier", „Die Toten Hosen" und „ZweiRaumWohnung"? Sie wurden von dem Werbefilmer Ralf Schmerberg produziert. Er hat auch Gedichte verfilmt: In dem Film „Poem" präsentiert er klassische wie moderne Gedichte in musikalisch unterlegten Bildfolgen. Die Impressionen sind hart geschnitten und inhaltlich unverbunden. Die bekannten Verse werden jedoch nicht interpretiert, sondern in ein neues, filmisches Kostüm gekleidet. Bei dem Rundgang durch die deutsche Lyrik des 18. bis 20. Jahrhunderts wird der Zuschauer vor allem emotional angesprochen.

Der Film ist auch als Video/DVD erhältlich, Versand z.B. unter <u>www.lingua-video.com</u>

AB_zum_Buch_S_048.pdf

Poetry Slam –

Wer sich mit Poetry Slams auseinandersetzt, fragt sich oft: Machen diese Slams einfach nur Spaß, dienen sie der reinen Unterhaltung? Oder steckt doch eine Kulturbewegung dahinter, die auch soziale Aufgaben übernimmt? Die folgenden Argumente geben dir einen Einblick in die gegenwärtige Diskussion.

A: Poetry Slams finden in Diskos und Clubs statt, sie sind Events und daher ein Phänomen der Spaßkultur.

B: Slampapi: *„With respect to its own affairs, each Slam should be free from attachment to any outside organization and responsible to no authority other than its own community of poets and audience."*

C: Poetry Slam stellt den derzeitigen Literaturbetrieb und seine Hochkultur in Frage. Alle Vertreter der Gesellschaft sind an der ästhetischen Geschmacksbildung beteiligt.

D: Viele Slam-Poeten vertonen ihre Texte zu Techno- oder Popsounds.

E: Die Live-Poeten wirken in der Textperformance als Vertreter einer bestimmten Bevölkerungsgruppe, die ohne den Slam möglicherweise keine Stimme in der Öffentlichkeit hätte.

F: Bei einem Poetry Slam finden alle soziale Schichten, ethnische Bevölkerungsgruppen und Vertreter aus allen Regionen zusammen.

G: In den USA kann die Art der Veranstaltung als Parodie auf den amerikanischen Liberalismus und das Motto „survival of the fittest" verstanden werden. — **B. Preckwitz, 2003**

H: Die Verständigung zwischen Menschen ist ein wichtiger Teil des Poetry Slams – und das gilt auch für Beiträge, die in anderen Sprachen vorgetragen werden.

Spaßkultur oder Poesie?

Der Schriftsteller Kersten Flenter beschreibt die Slam-Kultur so:

SLAMMIN' GOETHE oder: Lyrik als Funsportart?

Ein Text ist ein „Track", der Dichter ein „MC" – HipHop und Slam Poetry sind nach den Worten des Wahl-Weimarers Bastian Böttcher, der sich kürzlich im Literarischen Salon vorstellte, die Lyrikform des 21. Jahrhunderts. Was zunächst mindestens selbstbewusst klingt, belegen die Zuschauerzahlen bei Böttchers Auftritten auf internationalen Poetry Slams, und sogar die heiligste der deutschen Kulturkühe, das Goethe-Institut, lud den 25-Jährigen zu Reisen durch Neuseeland, Brasilien, Australien, Kanada und die USA ein. Mit seinem deutschsprachigen Hip-Hop-Projekt „Zentrifugal" legte er bereits die zweite CD bei einer Majorcompany vor – Indizien für eine steigende Popularität deutscher Dichtung? Bei Böttcher sind die Übergänge zwischen Musik und Lyrik fließend. Dass seine Texte nicht nur auf CD, sondern auch in Anthologien erscheinen und er momentan Literaturstipendiat in Berlin ist, belegt dies. Böttchers „Tracks" sind formbewusst, handwerklich gekonnt; mit Assonanz, Alliteration, Doppel- und Stabreim erreicht er einen bemerkenswerten Sprachfluss, rhythmisch über den stets präsenten 4/4-Takt gelegt. (...)

Was Böttcher stets intelligent und gekonnt verpackt, ist bei anderen Textern oft nichts anderes als Banalität, die das Etikett

einer literarischen Bewegung missbraucht, die Mitte der 80er Jahre des letzten Jahrhunderts ihren Ursprung in Chicago hatte: SLAM. (...)
Der Poetry Slam, als Veranstaltungsform, trug in der zweiten Hälfte der 90er Jahre deutlich dazu bei, literarischen Veranstaltungen zu mehr Popularität zu verhelfen und dem Wort „Lesung" den faden Beigeschmack von Hausfrauenlyrik und akademischem Elfenbeinkopf zu nehmen. Die andere Seite der Medaille ist, dass durch den offenen Charakter der Veranstaltungen auf Slams immer wieder und immer mehr genau diejenigen anzutreffen sind, deretwegen der nach Lebendigkeit des gesprochenen Wortes Lechzende früher Lesungen immer meiden musste. Wie bei der Bewertung gibt es einige wenige Akteure, die sich durch die Qualität ihres Textvortrages von der spröden Masse abheben, und schon beim dritten Besuch eines Poetry Slams tritt häufig das gelangweilte Déjà-vu ein.

> *Poetry Slam!*
> *– Das ist Poesie,*
> *Party und Pop!*
> *Poetry Slam!*
> *– Das ist Lyrik,*
> *Kommunikation*
> *und Clublife!*
>
> **— Bas Böttcher, Presseinfo zum Poetry Slam-Nation-1999**

Den Rest erledigt die Kulturindustrie: bereits die 1996 bei Rowohlt publizierte Anthologie „Poetry Slam" erwies sich mit ihrer Ansammlung von Semi-Popstars, die mit der Szene rein gar nichts zu tun hatten, als riesiger Etikettenschwindel, die in eine Lücke der Bewegung stieß: Der vornehmlich orale Charakter der Slam Poetry vernachlässigte nämlich ihre Archivierung im klassischen Medium der Literatur: dem Buch. Geglückte Publikationen sind dagegen die bereits 1993 erschienene Anthologie „Slam!Poetry" aus dem Berliner Druckhaus Galrev und die Anthologiereihe „SOCIAL BEAT SLAM! Poetry" des umtriebigen Asperger KILLROY media Verlages, der sich um eine authentische Darstellung der Szene kümmert. Literaturwissenschaftlich hat sich der Exil-Hamburger Boris Preckwitz, einer der maßgeblichen Akteure der Slam-Szene, in einem sehr informativen Artikel mit dem Phänomen Slam beschäftigt.

Allerdings ist fraglich, ob sich die herkömmlichen Printmedien als angemessene Publikationen von Slam Poetry eignen; für eine authentische Speicherung der Texte, die ihre Wirkung in erster Linie durch den gesprochenen Vortrag entfaltet, dürften elektronische Medien wie CD, DVD oder Video besser geeignet sein. Und an dieser Stelle spaltet sich die Szene. Einige der erfolgreichsten und bekanntesten SLAM-Teilnehmer wie der Münchner Exil-Tscheche Jaromir Konecny oder Philipp Schiemann aus Düsseldorf sind Prosa-Schriftsteller im herkömmlichen Sinne und nutzen die hohe Publikumsfrequenz der Veranstaltungen eher, um eine breitere Öffentlichkeit zu erreichen. Darüber hinaus lebt die Slam Poetry, wie erwähnt, in erster Linie vom Charisma, vom Vortragskönnen der Akteure und ihrem Zusammenspiel mit dem Publikum, worin sich letztlich die Tragik der Slam Poetry spiegelt – oftmals nimmt sich das Publikum

„Und plötzlich war der Dichter als Showmaster gefragt. Das ist inzwischen zu einem ganz billigen Ereignis verkommen, nämlich dazu, dass die Slam!Literaten nur noch aufs Publikum schielen, kein Standbein, kein Rückgrat mehr haben, um wirklich zu sagen, was ihnen im Kopf rumgeht, auch nicht wirklich provokativ zu sein. Statt dessen machen sie Unterleibsgeschichten, üble Nekrophilengeschichten oder irgendeinen Trash, von dem sie meinen, er würde noch Tabus verletzen. Und das ist eine furchtbare Situation für die Literatur."

— Hadayatullah Hübsch, Vorsitzender des Verbandes deutscher Schriftsteller (VS) in Hessen, 2001 in „von Acid bis Adlon und zurück", Dreieck Verlag, Mainz

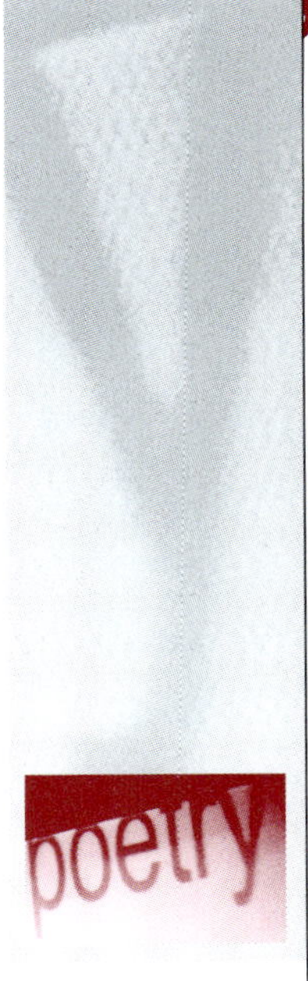

wichtiger als den Künstler bzw. die Künstlerin, diese wiederum ihre Person wichtiger als den Text, und eben dieser ist es nun mal, der letztlich darüber entscheidet, ob Lyrik eine vergängliche Momentaufnahme ist, die vorbeirauscht wie die Sequenz eines Pop-Videos, oder ob sie eine dauerhafte, ästhetische Kraft und

Wahrheit erlangt, denn Autoren, das wissen auch die AktivistInnen der Slam Poetry, sind garantiert sterblich – ein geglücktes Gedicht ist es nicht. Allerdings: Für Bastian Böttcher und Co. sind derlei Kriterien gänzlich unerheblich. Er selbst sei, so Böttcher, eher von den Werbe- und Kommunikationsdesignern der 90er Jahre inspiriert
als von Günther Grass. Und dass im CD-Cover von Zentrifugal Bezug auf Goethe genommen wird, ist wohl eher als augenzwinkernde Selbstironie zu sehen – immerhin gibt es weltweit noch ein paar Goethe-Institute, deren Einladung noch aussteht.

— Kersten Flenter in: Hannoversche Allgemeine Zeitung vom 23.08.2000 (leicht gekürzt)

Faust Geballt

Habe nun, ach! Philosophie, die Medizin, die Philologie
und leider auch mit Euphorie die Theologie studiert.
Heiß Doktor, ja sogar Professor!
Ich denke viel, weiß aber gar nichts, wie ein Prozessor.

Ich lehre Schüler lediglich die Leere meines Wissens.
Erkläre Akademiker zum Ziele meines Dissens.
Hab wirklich wissenswerte Erkenntnisse bisher vermissen
müssen. Ich scheu den Teufel nicht. Hab kein schlechtes

Gewissen. Mich mit schwarzer Magie zu befassen.
N krassen Pakt zu schließen mit den Kräften, die die Christen hassen.
Bin verbissen. Der Spaß is weggerissen.
Ich bilde mir ein, irgend was Richtiges zu wissen.

Faust Geballt

Bin beflissen und ich denk, ich könnte Leute weiterbilden.
Die wilden Massen bessern und zum Milden bekehren. Doch ich
Tor steh so klug wie zuvor vor dem Herrn.
Mr. Mephisto – wir sollten uns ma kennenlern!

Zu allem Überfluß hab ich kein Gut und auch kein Guthaben!
Ich war noch nie so erhaben wie ein VIP!
So möchte kein verdammter Hund länger leben.
Darum hab ich mich der Magie – ergeben.

Ich schließ dies Bündnis mit der dunklen Seite der Macht.
Damit ich heimlich das Geheimnis, das die Erde ausmacht
durchschaue. – Nie wieder wien Idiot da steh. Da ver-
steh ich lieber was die Welt im Innersten zusammenhält.

Sieh die Energie, die Wirkenskraft und Keime
und kram nicht in Kartons deiner alten Songs und Reime.
Yo, Mister Mond! Bescheine nur noch das eine Mal
meine Qual, wenn ich nachts am Pult weile. Weil ich

keine Wahl hab, wandel
ich im Saal auf und ab.
Ich hab Verlangen nach
ner langen Wanderung
mit Geistern.
Und ich sehne mich
nach Mädchen!
Mr. Mephisto, besorg
mir mal das Gretchen!

— Bas Böttcher/Zentrifugal: Faust Geballt. In: Tat oder Wahrheit. ASIN: B00002DE77

Weiterdenker

- Was meinst du: Ein guter Joke auf einen Klassiker – oder moderne Poesie?
- Wovon ist „Faust“ genervt?
- Welche Tipps könntest du ihm geben?

Poetry Slam ...

Auf der ganzen Welt finden Slams statt – doch das war nicht immer so. Wer hat den Slam eigentlich erfunden? Wie kam er nach Europa und warum gibt es auch in deiner Nähe regelmäßige Veranstaltungen mit Slam Poetry?

Slampapi sagt über die Ursprünge des Slam:

"The National Slam began as a gift from one city to another. It should remain a gift passed on freely to all newcomers."

1985 Der ehemalige Bauarbeiter Marc Smith schreibt schon seit seiner Jugend Gedichte und trägt sie bei Jazz-Konzerten in Verbindung mit Musik und Performance vor. Er gründet das „Chicago Poetry Ensemble", zieht in den „Green Mill Jazz Club" und veranstaltet eine Poetry Show mit einem Open Mike (d.h. jeder kann ans Mikrofon) und Dichterwettkämpfen.

1989 Der Marketing-Spezialist Bob Holman übernimmt das Konzept des Poetry Slam für den New Yorker Künstler-Club „Nuyorican Poets Café".

1990 Beim ersten National Poetry Slam der USA in San Francisco gewinnen die Teilnehmer aus Chicago. Die Mitstreiter kommen aus New York und San Francisco. Die Slammaster aus Hamburg, Berlin und München vereinbaren eine engere Zusammenarbeit und geben damit den Startschuss für die Entstehung einer deutschen Slam-Szene. In Berlin treffen Teams aus Düsseldorf, München, Hamburg und Berlin zum ersten National Slam zusammen. Hamburg trägt den ersten Team-Champion-Titel, der Rap-Poet Bas Böttcher wird erster Individual-Sieger Deutschlands.

1992 Während auf MTV das Konzept der „Poetry Unplugged" mit den ersten Slam-Fernseh-Stars entsteht, findet in Boston der dritte National Poetry Slam statt.

... international

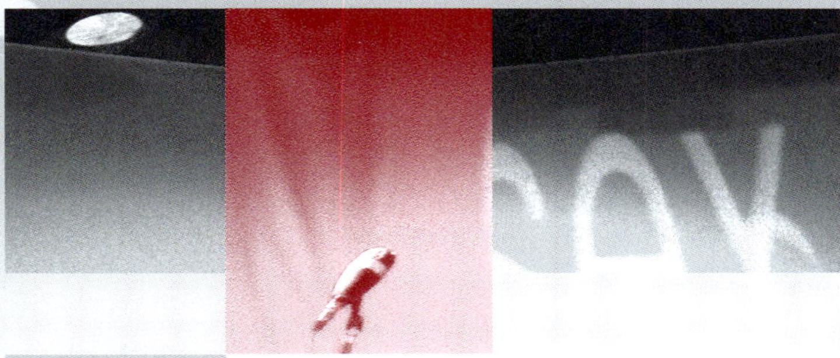

1993 Nach den Erfolgen in den USA und auch in Kanada schwappt die Poetry-Slam-Welle nach Europa über: Clubs in Finnland, Schweden und Großbritannien sind die Vorreiter, in Köln wird die erste Deutsche Literaturmeisterschaft „Dichter in den Ring“ ausgetragen. Der erste Poetry Slam findet bereits 1994 in Berlin statt.

1994 Ein japanischer Fernsehsender überträgt die Slams aus dem „Nuyorican Poets Café“ – wenig später liefern sich Slammer in Tokio einen Dichterwettstreit. Die von Holman und Algarian in New York herausgegebene Slam-Anthologie wird zur bestverkauften Gedichtsammlung aller Zeiten.

1996 Nachdem der Bayerische Rundfunk eine Woche lang täglich eine Stunde Slam-Beiträge aus dem „Nuyorican Poets Café“, lädt das Café Substanz in München zehn Poeten zum Slam unter der Moderation von Ko Bylanzky und Rayl Patzak ein. Die Veranstaltung etabliert sich zum größten monatlichen Poetry Slam der Welt und wird von Slammern die „Mutter aller Schlachten“ genannt.

1999 Die deutschsprachigen Länder Schweiz und Österreich entdecken sich als Slam-Nations, sodass German International Slams abgehalten werden können. Das erste Mal werden deutschsprachige Slammer von Marc Smith zum U.S. National Slam eingeladen. Der Film „Slam“ erhält die goldene Palme der Filmfestspiele von Cannes.

2000 Auch in diesem Jahr treten wieder Spoken-Word-Größen aus den USA beim Münchner Poetry Slam auf. Beim vierten German National Slam in Düsseldorf ist der Andrang so groß, dass erstmals Vorrunden stattfinden.

2001 Auf der Leipziger Buchmesse findet eine Slam Poetry Show statt. In Europa verbreitet sich die Slam-Bewegung weiter: Italien, Frankreich und Kroatien entdecken den Slam für sich. Der 5. German International Poetry Slam (GIPS) findet in Hamburg statt, etwa 150 Teilnehmer aus 29 Städten kämpfen um den Titel.

2002 Der German International Poetry Slam wird erstmals im deutschsprachigen Ausland ausgetragen: Um der rasanten Entwicklung der Slam-Kultur in der Schweiz Rechnung zu tragen, findet die Veranstaltung in Bern statt. Insgesamt 2000 Zuschauer und fünf Fernsehteams sind dabei.

2003 Mit Darmstadt und Frankfurt richten zum ersten Mal zwei Städte gemeinsam den German International Poetry Slam aus. Erstmals wird ein neues Abstimmungssystem eingeführt: Das gesamte Publikum entscheidet über Sieg und Niederlage.

2004 Die schwäbische Hauptstadt Stuttgart ist vom 29. Oktober bis zum 1. November Austragungsort des German International Poetry Slam. Erstmals wird auch ein Nachwuchs-Wettbewerb für Schüler eingeplant.

2007 Der German International Poetry Slam findet zum zehnten Mal in Berlin statt – diesmal als 5-tägiges Festival. 90 Dichter und rund 20 Teams treten gegeneinander an.

„In den USA waren die Minderheiten diejenigen, die zuerst den Slam für sich entdeckten. Das war dann sehr politisch. In Deutschland handeln die Texte eher von der Reflexion des Alltags und der Alltagskultur."

— **Wolfgang Hogekamp, Slam-Veranstalter aus Berlin**

Hier findest du eine begrenzte Auswahl aus dem Slam-Netzwerk. Die Veranstalter des „German International Poetry Slam“ bieten dir viele weitere Slam-Links unter www.slam2007.de.

Auswahl International:

International: **www.rubberchickenpoetry.com/SlamLinks/OtherSlams.html**
International: **www.poetryslam.com/**
England: **www.poetrysociety.org.uk**
www.poetrymagic.co.uk/performing.html
http://london.e-poets.net
Frankreich: **www.slameur.com**
Kroatien: **www.pontes.com**
Niederlande: **www.epibreren.com**
Schweden: **www.estradpoesi.com**
USA: **www.e-poets.net/library/slam/index.html**
www.albanypoets.com
www.oraltradition.org
http://gotpoetry.com
www.e-poets.net
www.poetcd.com
www.slampapi.com
www.slamnews.com
www.poetryslam.com
www.slamnation.com
www.livepoets.com

AB_zum_Buch_S_058.pdf

Join your local slam!

Ist die Poetry-Slam-Bewegung auch in deiner Nähe angekommen?

Hier findest du eine kleine und begrenzte Auswahl von Slam-Städten.

» Ergänze die Liste mit weiteren Adressen!
Im Internet kannst du dazu in die Suchmaschine den Begriff „Poetry Slam“ sowie den Namen deiner Stadt eingeben.

Augsburg **www.e-thieme.de/lauschangriff/**
Arnhem **www.wintertuin.nl**
Bamberg **www.slamberg.de**
Berlin **www.spokenwordberlin.net**
Berlin **www.scheinbar.de**
Bern **www.menschenversand.ch**
Bielefeld **www.texteratur.de**
Bonn **www.rosenkrieg-bonn.de**
Darmstadt **www.dichterschlacht.de**
Duisburg **www.hundertmeister.de**
Düsseldorf **www.poesieschlacht.de**
Düsseldorf **www.maulgetrommel.de**
Dresden **www.laienlyrix.de**
Erlangen **www.e-poetry.de**
Essen **www.zechecarl.de**
Frankfurt a.M. **www.slamffm.de**
Frauenfeld **www.offkultur.ch**
Gießen **www.muk-giessen.de**
Hamburg **www.slamburg.de**
Innsbruck **www.cobi.at**
Itzehohe **www.goosmarkt.de**
Koblenz **www.reimstein.de**
Köln **www.dichterkrieg.de**
Konstanz **www.sprechstation.de**
Leipzig **www.laienlyrix.de**
Luzern **www.lafourmi.ch**
Minden **www.buezminden.de**
Mönchengladbach **www.poesieschlacht.de**
München **www.planetslam.de**

Join your local slam!

Oldenburg **www.slampoetry-oldenburg.de**
Osnabrück **www.dichtersindandere auchnicht.de**
Passau **www.poetry-slam.de**
Ravensburg **www.korpustoby.de**
Regensburg **www.alte-maelzerei.de**
Schwäbisch Hall **www.clubalpha60.de**
Siegen **www.dee2.de**
St. Gallen **www.gapevents.ch**
Stuttgart **www.rosenau-stuttgart.de**
Venlo **www.literairstationvenlo.nl**
Wien **www.monochrom.at/slam**
Winterthur **www.kraftfeld.ch**
Wiesbaden **www.wtwwa.de**
Wuppertal **www.dieboerse-wtal.de**
Zürich **www.rotefabrik.ch**

AB_zum_Buch_S_060.pdf

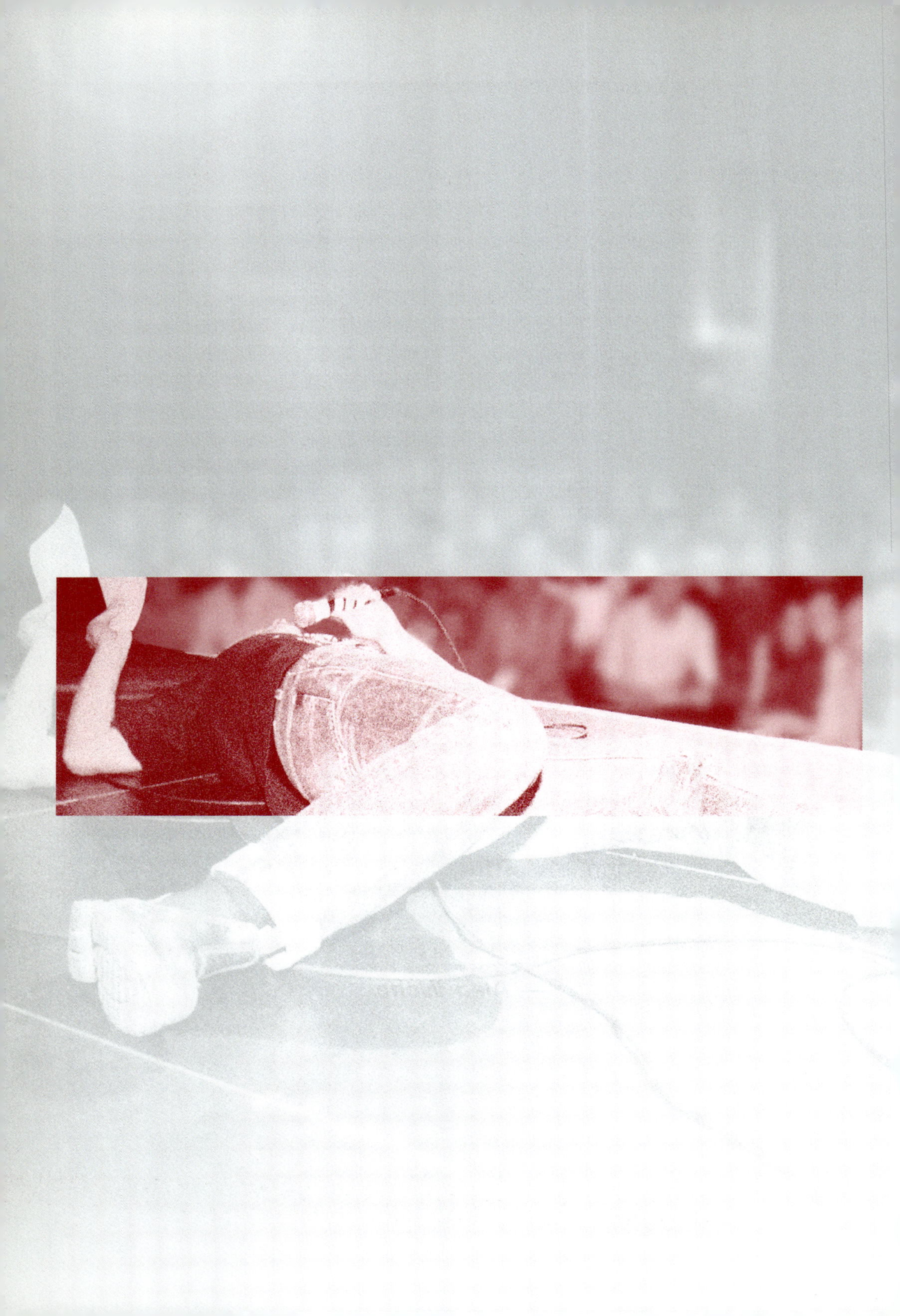

"The points are not the point, the point is poetry."

— *Alan Wolfe*

Porträts einiger …

Felix Bonke

- geb. 1979 in München
- Medizinstudium in München
- seit 2001 Engagement in der Slam-Szene
- langjährige Liebe zur Literatur (großer Rilke-Fan), schreibt, seitdem er 16 ist
- Literatur ist für ihn ein Ausgleich zum kopflastigen Studium, eine Art Parallelleben
- hat in der Schulzeit und danach viel Theater gespielt, daher kommt ihm Slam sehr entgegen, wo sich beide Elemente (Dichtung und Performance) verbinden lassen.
- sein Stil ist gekennzeichnet durch starkes Einbringen körperlicher Elemente mit viel Gestik und Bewegung, verbunden mit dem Versuch der sauberen Artikulation und sprachlichen Modulation.
- O-Ton: *„Ich bemühe mich, nicht zu oft aufzutreten, damit es nicht zu inflationär wird und ich mich der Vorbereitung der einzelnen Stücke intensiv widmen kann.“*
- Sieger von fünf Slams (drei in München, beim National Slam in der Team-Konkurrenz)
- hat mehrere Lesungen gemacht
- Text u.a. abgedruckt in: PlanetSlam, yedermann-verlag
- Internetseite: www.felixbonke.de

Tobias Borke

- geb. 1982 in Stuttgart
- freischaffend (Workshops und Rap)
- seit 2000 unterwegs in der Slam-Szene
- war schon immer Egozentriker
- hat schon immer selten, aber dann gerne gelesen, großes Interesse an gutem Rap
- Schreiben ist für ihn Selbstfindung und Therapie
- redet manchmal nur noch in Reimen
- gewann auch schon mal einen Slam
- liebt seinen Workshop am Literaturhaus Stuttgart
- Internetseite: www.literaturmachen.de

Lydia Daher

- geb. 1980 in Berlin, aufgewachsen in Köln
- seit Winter 1999: Studium der Medienpädagogik, Psychologie und Soziologie in Augsburg
- ist schon bei zahlreichen Slams aufgetreten (u.a. Teilnahme am German International Poetry Slam 2001 in Hamburg und 2003 in Darmstadt/Frankfurt)
- macht auch Lesungen
- veranstaltet in Augsburg die Lesereihe „speak & spell" für Slam Poetry und Spoken Word
- 2004 gab sie die Anthologie „Vokalpatrioten" heraus. 2005 erschien ihr Gedichtband „beirut blues" in der 2. Auflage. Internetseite: http://lydiadaher.de

Aufpasser und Hingucker

- Gibt es Gemeinsamkeiten zwischen diesen Live-Poeten?

AB_zum_Buch_S_064.pdf

— **Alex Dreppeç** (Darmstadt)

Fettabsauge-Facharzts Fieberfantasien

Fettabsauge-Facharzt Friedrich Faltermeyer
Formuliert für fünfjährige Fachkliniks-Feier
Folgendes fragwürdiges Festreden-Fanal:
„Fröhlich feierndes Fachpersonal!
Festanlass: fruchtbare Fettwirtschaft
Fulminante Finanzen, fabelhaft.
Fachkollegen, fühlt festlich Freudenschreie:
Feminine Formen, fettlos-fehlerfreie!
Fett frischhalten, Flachbrust füllen, faltenlos –
Fulminante Figuren fügen, fest, famos!
Fröhlich Feste feiernde Finanzdirektion!
Fahre fort für futuristische Fiktion:
Fürwahr fatal für Fencheltrinker:
Freestyle-Fettabsaugen flubbert flinker!
Fazit: freimachen, formlose Fettquallen!
Funky, funky, feiste Fettringe fallen!
Fachkollegen: fordert Freizügigkeit
Fettvernichtung: falsche Förmlichkeit.
Frigide Frömmeleien? Fraglos frustrierend!
Fettverwertungsfantasien faszinieren!
Fokus: faulende Fettvorrats-Fässer
Feinster Fraß für Fastfood-Fresser!
Fett formschön fingierter Friseusen
Fabelhaft für fortschrittliche Fritten-Friteusen
Fachkollegen feinfühliger Fingerkuppen!
Fordert freien Fettverkauf für Fertigsuppen!
Für Fishmacs, Fischstäbchen, Fertiggerichte!
Fortsetzung fabelhafter Firmengeschichte.
Fulminante Finanzen, Futur-Format:
Feminines Fett festigt Fleischsalat!"

— **aus: PlanetSlam, yedermann 2002, S. 130f,**

— **Felix Bonke** (München)

Sommerschlussverkauf aus der Sicht eines Damenbadeanzuges, Größe S

Ewiges Dunkel umhüllte meine Seele,
schwarze Nacht umfing mich
bis zu jener schicksalhaften Stunde,
da die ehernen Tore des Textilwarenlagers
sich auftaten, und ein furchtloser Jüngling
den Raum betrat und mich in die süßen Gefilde
der Verkaufsabteilung trug.
Oh, die Luft, die Luft trug das Aroma
der großen Baumwoll-Kompositionen aus Mailand,
der seidene Odem der unsterblichen Schneider
des Mode-Olymps von Paris war allgegenwärtig.
Als man mich dann an vorderster Stelle der Stange platzierte,
noch vor den Modellen Valentino und Gucci,
schwoll ich vor Glück um fast zwei Konfektionsgrößen an.
Doch mit eiserner Disziplin besann ich mich auf das S,
das ich mit Stolz in meinem Wappen trug
und schrumpfte mich wieder auf Ausgangsniveau.
Ich hatte erreicht, was niemand mir zutrauen wollte,
als ich während der Regenzeit in Bangladesch
das Licht der Welt erblickte.
Zwei Cent in der Stunde bezahlte man den schmutzigen Händen,
die mich aus billigem Nylon fertigten,
doch ungeachtet meiner Herkunft hatte ich stets Großes im Sinn.
Ich ertrug den Spott meiner Brüder,
als wir im Wäschekorb über die Zukunft sprachen,
und ich meine Absicht kundtat, im Ausland Karriere zu machen.
Oh, ihr arme Narren, die ihr euch allesamt feilbieten ließet
und von fetten Touristenkörpern schnell verschlissen wurdet!
Nur ich überlebte.
Dann, nach Monaten langer Entbehrung, siegte mein
  unbeugsamer Wille
Und ein ehrbarer Kaufmann verschiffte mich in die
  goldene Stadt Istanbul.
Man taufte mich dort auf den Namen Louis Vitton,
den ich als Abzeichen aufgenäht bekam.

Schließlich gelangte ich in einen Lastkraftwagen
und überquerte die Alpen wie einst Hannibal,
bereit zum großen Triumphe.
Zwar wurde ich nachts auf Hinterhöfen verladen,
und kein Zollbeamter bekam mich je zu Gesicht,
doch zählte ich bald zum elitären Bestand eines namhaften Münchener Modebazars.
Man übersah zunächst meine Großartigkeit
Und barg mich lange in dunklen Regalen.
Doch nun, da der Sommer dem Ende sich zuneigt,
gehöre, oh Jubeltag, ich zur ersten Wahl,
und eine schlanke Göttin wird mich an den schönsten Stränden der Erde tragen:
Waikiki, Rio, Saint Tropéz!
Nun ist es soweit, die große Stunde ist da!
Vor dem Kaufhaus drängen sich Massen von Menschen
und harren der Öffnung der Tore.
Wohlan denn, ich recke und strecke mich und glätte die letzten Falten.
Das ist der Moment, für den ich gelebt, nun wird mein Schicksal entschieden!
Schlag neun gewährt man der Menge Einlass,
das Zittern des Bodens verkündet die baldige Ankunft,
und, siehe da!, schon naht an der Spitze des Treibens
eine Schönheit mit traumhaftem Körper.
Sie hält direkt vor mir, bereit mich zu greifen
und greift schließlich nach – Valentino!
Ich bin noch starr vor Entsetzen, da legt sich über mich ein mächtiger Schatten:
Ein Walross von Weib, drei Zentner bestimmt, beginnt mich gründlich zu mustern.
„Nimm Gucci, nimm Gucci!" schrei ich verzweifelt
doch mein Flehen dringt nicht an ihr Ohr.
Sie nimmt mich, ich kann mich nicht wehren,
ihre Pranken graben sich in mein Fleisch.
Scheiße, ich bin Größe S, ein fein gewirktes Juwel,
und sie muss es sein, das jüngste Gericht,
das mich nun heimsucht in XXXL.
Und dann Schauplatz: Umkleidekabine.

Stimmung: Todesangst.
Mein einziger Gedanke: ihr Hintern,
der voluminös am Ende ihrer Beine wartet,
die gerade in mich hineinsteigen
und durch das Muster der Zellulite
anmuten wie korinthische Säulen.
Sie zieht mich hinauf und passt mich
gewaltsam der monströsen Anatomie ihres Rumpfes an.
Meine Fasern sind bis zum Anschlag gespannt
und dann, oh unsägliche Schmerzen –
bildet ein Riss sich an ihrem Gesäß
und läuft geradewegs zum Nabel, zur Brust und teilt
meinen Körper entzwei.
Mein Leben zieht an mir vorüber,
schließlich erlischt mein Bewusstsein.

Recycling, du höchste der Künste,
du verhalfst mir zur Wiedergeburt.
Nun weh ich als Fahne in Washington,
mit Streifen und Sternen versehen,
auf einem weißen Gebäude,
dem Amtssitz von Doubleyou Bush.
Zwar bin ich berühmt,
doch hätt ich
gewusst,
dass ich dort einmal
ende –
Oh Bangladesch, ich
hätte dir niemals den
Rücken gekehrt!

— aus: PlanetSlam, yedermann 2002, S. 92–95

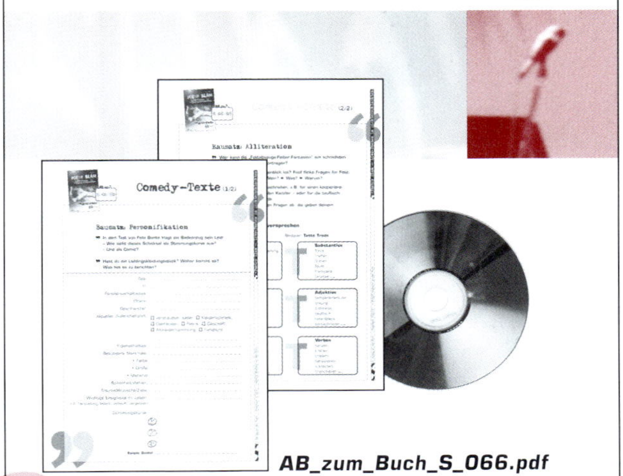

AB_zum_Buch_S_066.pdf

Erzähltexte im Slam

Slam-Poeten schreiben nicht nur in Versen, sie tragen auch längere Erzähltexte auf Poetry Slams vor – und gewinnen damit, so wie Jaromir Konecny mit seinen Texten.

— **Jaromir Konecny** (München)

Der Gentleman zur Dame (1998)

Tanja kommt ins Wohnzimmer und hebt flehend ihre hübschen Augenbrauen: „Es ist uns wieder ausgegangen ..."

„Was ist uns ausgegangen?"

„Naja, du weißt schon – das Papier." Ein zartes Rot steigt ihr ins Gesicht.

Jetzt hab' ich's kapiert: „Das Kl... ehm... das Toilettenpapier meinst du, oder?" Ich liebe sie über alles, aber irgendwann mal bringt sie mich mit ihren Schamgefühlen zum Wahnsinn. In unserem anständigen Haushalt scheißt und pisst man nicht, nicht mal Pipi macht man. Nein, wir gehen uns immer nur waschen. Meistens wartet sie sowieso, bis ich aus der Bude abhaue; dann kann sie endlich ihren natürlichen Bedürfnissen freien Lauf lassen. Wenn ich zufällig da bin, und sie kann's nicht mehr aushalten, muss ich von ihrem Schiss mindestens durch zwei Türen getrennt sein – sonst kriegt sie's nicht raus.

Die tut mir echt leid, die Kleine. Ich kann mir nicht vorstellen, was für eine beschissene Erziehung sie durchlitten haben muss, dass sie jetzt so verklemmt ist; nicht mal meine Onkel-Psychologie-Spiele helfen, ihre Hemmungen abzubauen – alles vergebens. Manchmal geht's mir echt auf den Geist, ständig aufzupassen, dass mir kein dreckiges Wort aus dem Mund rutscht – wo ich doch früher so ein vulgärer Rüpel war.

In unserer heilen Welt sind selbstverständlich Worte wie Rülpser und Furz tabu – ganz zu schweigen von diesen Taten. Nur ein einziges Mal, gleich am Anfang unserer Bekanntschaft, ließ ich unvorsichtigerweise einen fahren, dass ihr die Puste wegblieb. Eine Woche hatten wir dann einen stillen Haushalt. Die größte Angst aber hat sie davor, Klopapier kaufen zu müssen; sie würde sich lieber umbringen, als eine kleine Rolle vor der gaffenden

Kundschaft und den Verkäuferinnen in den Einkaufswagen zu werfen. Ich kann mir nicht vorstellen, wie sie's früher gemacht hat, bevor sie mich kennenlernte – bestimmt hat sie sich ihren süßen Arsch mit Wasser abgespritzt, wie's die Araber tun. Nein, eine Zeitung passt wohl nicht zu ihr – ich mag's ebensowenig, wenn mir der Innenminister in das Arschloch guckt ... Oder irgendein Politiker. Und dann die Druckerschwärze – nein danke!

Sie stupst mich an: „Kannst du was aus dem Geschäft holen? ..."

Tja, Lust hab' ich nicht gerade, ich hab' zu arbeiten, aber was soll man machen, wenn die Natur ruft? Ich stehe auf, steige in meine Jeans und will losziehen.

„Könntest du bitte zwei Packungen bringen, damit's nicht so schnell wieder ausgeht? – Warte! Ich geb' dir ein paar Tüten mit, da kannst du's ordentlich verstecken, dass es auf der Straße keiner sieht." Sie stopft einige große Plastiktüten in meinen Rucksack. Ich warte geduldig.

Im Geschäft suche ich etwas Feines aus: dreilagig, Recyclingpapier, gut für den Arsch und auch für das umweltschützende Herz. Ich schnappe mir zwei Stück, da krieg' ich die Wahnsinnserleuchtung: Warum besorge ich uns nicht gleich einen Vorrat fürs ganze Jahr? Dann habe ich wenigstens meine Ruhe ... Der Gedanke gefällt mir.

Beladen mit zwölf 10-er Packungen des Abwischwunders habe ich reichlich Mühe, aus dem Laden rauszukommen. Den Bus fange ich in letzter Sekunde ab. Die Leute machen sich über mich lustig, wie ich mit diesem verdammten Scheißpapier kämpfe: Dauernd fällt mir eine Packung aus den Armen, und wenn ich mich dann bücke, segelt eine andere runter. Scheißjob!

Ganz schön angekotzt erreiche ich endlich unsere Bude. Ich klingele mit der Nase. Sie macht auf, und ich purzele rein. In meiner Wut schnaube ich sie an: „Da haste's – jetzt können wir scheißen wie die Tiger!"

Mit weit aufgerissenen Augen starrt sie mich an; in ihrem Schock hat sie sogar meine widerwärtige Ausdrucksweise überhört.

„Jesusmaria!" ruft sie, „hat dich jemand gesehn?"

Da bleibt mir die Spucke weg.

— **aus: Jaromir Konecny: Slam Stories. Ariel 1998, S. 105–109**

— **Till Müller-Klug** (Berlin)

Dein Freund, der Baum. Angewandte Landschaftslyrik. (2002)

Wenn du im Auto auf einen Baum zurast, ist das erste, was passiert, bevor du den Baum küsst, sehr lange davor ist das erste, was passiert, dass dir deine innere Uhr einfriert:
Ab da läuft alles in Zeitlupe, ein riesiger, fetter Farbfilm, in dem du die Hauptrolle spielst, dein Leben wird im selben Augenblick, wo du die Kontrolle über dein Auto verlierst, in genau dieser Sekunde wird dein Leben großes, buntes, brodelndes Kino und für die drei, vier Sekunden Echtzeit bis zum Aufprall braucht deine eingefrorene Uhr Ewigkeiten, genug Zeit für einen Zick-Zack-Schleuderkurs zwischen Hoffnung, Schrecken, neuer Hoffnung, das sind ja alles nur Büsche, die frisst dein Kühler schon, dein Kühler frisst sich durch die Büsche, Sträucher, jetzt ein kleines Bäumchen, dein Kühler frisst und frisst, dein Kühler frisst dir den Weg frei, dein Kühler frisst dir eine Landebahn in das Wäldchen – dein cooler Kühler! – eine richtige Landebahn, darauf landest du sanft wie auf einem roten Flokatiteppich, dein Kühler macht Krach beim Fressen, Autsch! Dein Kühler hat gekleckert, dein Kühler hat dir einen abgerissenen Ast in die Windschutzscheibe gespuckt, die Scheibe explodiert, Glas spritzt rum und jetzt ist die Sicht noch klarer geworden, ohne Scheiben sieht alles noch viel realer aus, Fahrtwind massiert dir dein Gesicht, dein Kühler ist immer noch am Fressen, gleich gehen

über den Sitzen die Fasten-Seatbelts-Leuchten aus, die Leute werden die Landung beklatschen, dein Kühler ist schon beim Dessert, grünes Brennnesselkompott mit Himbeersträuchern, dein Kühler ist jetzt satt, vollgestopft, dein Kühler kann nichts mehr essen und wird schläfrig, dein Kühler will nur noch einen Grappa und einen Zahnstocher, aber da kommt der Baumstamm. Der Baumstamm kommt und der Zeitlupenvorführer in deinem Kopf macht eine Vollbremsung: Aus der Zeitlupe wird eine Superzeitlupe, der Baum kriecht näher, ein Kirschbaum, dicker Kirschbaum, zu dick für deinen Kühler, müsste man erst in kleine Häppchen zersägen, damit dein Kühler sie schlucken könnte, nur hat dein Kühler keinen Hunger mehr, dein Kühler ist längst satt, der Baumstamm kommt näher gekrochen, langsam, so langsam, dass es ungefährlich ist.
Du kannst ja aussteigen, wenn du Angst hast.
Du hast ja Zeit genug, um wegzugehen.
Du kannst schon mal aussteigen, eine Telefonzelle suchen und den Abschleppdienst anrufen, du brauchst doch nicht hier drin zu bleiben, während deine Karre am Baum krepiert, willst du nicht lieber aussteigen?
Verstehe, du kriegst deinen Anschnallgurt nicht auf. Dein Anschnallgurt klemmt, lehn dich zurück, probier mal den Gurt zu entspannen, dann geht auch der Verschluss auf.

Lockerlassen, sonst kriegst du ihn nie auf, warum ziehst du so?
Ach so, das bist ja gar nicht du.
Das ist dein Freund, der Baum, der da zieht.

Dein Freund, der Baum, zieht dich an seinen Stamm.
Dein Freund, der Baum, will dich totmachen.
Dein Freund, der Baum, ist überhaupt nicht dein Freund.
Dein Freund, der Baum, ist ein Arsch!
Das wirst du dir merken. Genauso wie das Crash-Geräusch, das in dieser Sekunde durch die Autobleche bricht, wie eine Viehherde durch deine Gehörgänge tobt und sich in dein Gehirn gräbt.
Dieses Geräusch ist geil.
Dieses Geräusch gibt es auf keiner CD.
Dieses Geräusch hörst du auf keinem Death-Metal-Konzert.
Dieses Geräusch hörst du nur in deinem eigenen Autokino, wenn
irgendein Zufall,
irgendein geplatzter Reifen,
irgendein Gefummel am Radio,
irgendeine runtergefallene Zigarette,
irgendeine Schneewehe,
irgendein Wildschwein,
irgendwas Entgegenkommendes
aus deinem Autositz einen Kinosessel macht, dann hörst du dieses Geräusch, dumpf, tief, tiefer als jede Bassbox und gleichzeitig klirrig, hoch, kristallen, das Geräusch hat einen unglaublichen Frequenzumfang und wenn du überlebst, bleibt dieses Geräusch noch wochenlang in deinem Gehirn liegen, jedes Mal, wenn du einen Baum siehst, ihn eine Weile anstarrst, wird dieses Geräusch wieder wach, springt in deinem Kopf auf, rennt von innen gegen deine Schädelwand und spielt den Unfall nach, immer wieder, zuverlässig wie ein Ohrwurm, immer wieder dieses Geräusch, jedes Mal, wenn du einen Baum anstarrst, wird dieses Geräusch in dir wieder lebendig und irgendwann wird dieses Geräusch dein Lieblingslied.
Du warst angeschnallt. Zeit, sich zurückzulehnen. Jetzt lockerlassen, dann geht der Verschluss auf. Du steigst aus, schaust auf den Kühler, dahin, wo der Kühler einmal war, wo jetzt der Baumstamm ist, die Kühlerreste dampfen, Nebelschwaden steigen auf, dein Blick folgt ihnen in die Baumkrone, du blinzelst, schaust an dir herunter, nichts, oder vielmehr alles, alles noch dran an dir, nicht mal Blut, doch, da klebt etwas an deiner Schläfe, schmierig, du ziehst es dir

aus dem Haar, musst grinsen: zwei zermatschte Kirschen, sonst nichts, das war alles nur ein Film, ein Film, nach dem du dich lebendig fühlst, lebendig ohne Ende, ein Vier-Sekunden-Roadmovie, für das dein Auto ein faires Eintrittsgeld war.

— aus: PlanetSlam, yedermann 2002, S. 119–121

AB_zum_Buch_S_070.pdf

— **Nora-Eugenie Gomringer** (Bamberg)

Nachtziel (2002)

Ganz ziellos mit nur einem Ziel. Durch die Stadt. An die Brücke. Über die Brücke hinunter. Aufs Wasser starren. Und dort. Auf der dünnen Oberfläche. Die eigene. Verdünnte. Gesichtshaut. Die eigenen steinernen. Augen erkennen. Ein Ziel ist kein Ziel. Deshalb schnell. Von der Brücke unter. Das Rathaus. In die Höhle. Die der Torbogen. Bildet. Darüber der Balkon. Alte Fassade. Alte Stadt. Viele Umbau. Arbeiten. Hier und da. Eine Gitarre. Eine Stimme zum Verfall. Mit Musik. Untergehen. Die eigenen Füße. Aus dem hier und jetzt. Nehmen. Sie setzen. Und in das Wagnis stellen. Ganz bewusst. Ganz kalt. Wie in Wasser. Auf den unebenen. Steinen hört sich der Schritt an Wie entfernt vom eigenen. Ich. Nur das Wasser. Ich. Bleibt. Wenn man nach. Ihm sieht. Ein paar Ratten. Tauchen unter. Enten hindurch. Die nicht merken. Wie angefressen. Ihre Küken schon aussehen. Schwäne kommen erst. Wenn die Sonne. Ihre Verträge. Mit der Altstadt gemacht hat. In dieser. Kulisse. Im Fachwerk und im Dom. Bau. Hat jeder Tag eine ganz. Bestimmte Nacht. Eine die wie von der. Alten Burg. Herunterfällt. Und gegen die Rollläden und Fensterscheiben. Und gegen die Stirn. Jedes einzelnen. Fällt der sagt. Es wird Nacht. Ziellos. Verbreitet sich Schwärze. Aber gewissenhaft. Überall. Ich laufe. Mir die braunen Schuhe gefälliger. Mit jedem Schritt. Der das harte Leder. Sich meinem Fuß. Anpassen lässt. Weiche Tierhaut. Um meinen Fuß gewickelt. Wie in Ur. Zeiten. Auf den Wegen zu den Höhlen. Die heute keiner. Mehr kennt. Und die erst gefunden werden müssen. Entdeckt. Sagt man. Entschlüsselt sagt man. Damals schon. War ich ein Sprayer. Konnte Mammuts an die Wände. Malen. Besser als jeder andere. Und erst Jäger. Ich war der Maler. Der Zeit. Heute nehme ich. Meine Dose und verschwinde hinter. Einem Zug. Der auf den Schienen schläft. Und der keinen Traum. Außer den vom Eisenbahner. Träumt. So viel Stahl. Wiegt so schwer. Die Farbe trägt. Sich von selbst auf den Untergrund auf. Das soll so sein. Das ist die Kunst. Die Kunst ist das. Nicht Notwendigsein. Des Künstlers. Ich halte nur die Dose. Mein Zeigefinger. Ist ja sonst auch nur Schreib. Tischtäter. Da muss ich mitten. In der Nacht an Eichmann. Denken. Und daran. Wie unschuldig der. Unschuldige bei den

Nürnberger Prozessen. Aussah und wie. Ihm das Blut aus dem Zeigefinger. Sudelte. Ich spraye meine. Initialen. Meinen vollen Namen. Den von der Straße. Den sie dem Wassergesicht gegeben haben. Das sie kennen. Nur dem. Ich spraye deinen Namen auf die Wände. Des Zuges. Dein erster Buchstabe. Wird von nun an. Immer zwischen der ersten. Und der zweiten Klasse. Fahren. Blind. Und somit du. Zwischen Berlin und Hamburg. Zwischen Mond und Sonne. Hier und jetzt. Dir und Mir. So ein Ziel ist keines. Ich kenne mich nicht mehr nach solch einer Nacht. Ich lege die Dose. Daneben. Ohne meine Fingerabdrücke zu. Hinterlassen. Meine Spuren sind. Überall. Meine Wege sind. Alle ausgetreten. Und um eine Achse. Gekrümmt. Und immer noch Nacht. Von überall her. Nach überall hin.

— aus: PlanetSlam, yedermann 2002, S. 16 f.

Weiterdenker

- Die vielen Punkte stören beim Vortrag – oder?
- Wie betont und verbindet ihr die Wörter? Wo können Pausen eine gute Wirkung erzeugen?
- „Ganz ziellos mit nur einem Ziel. Ich laufe ...“ – kennst du ein gutes Ziel? Dann schreib los!
- Wanted: Regisseure für einen Poetry Clip zum Text „Nachtziel“!

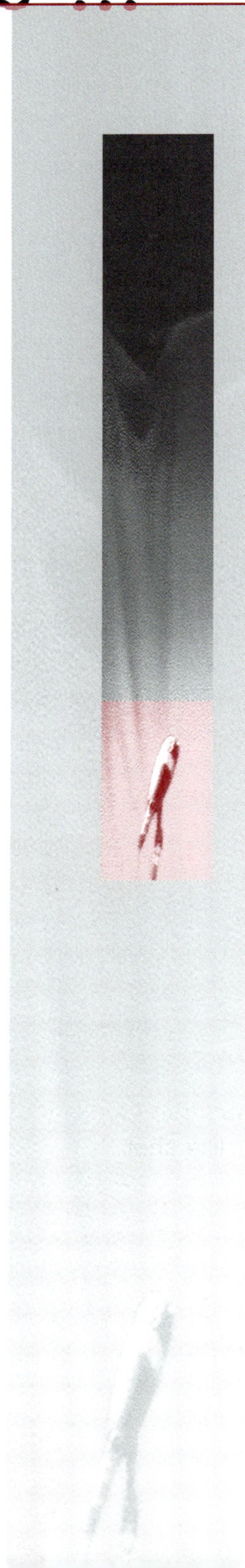

— **Marc Smith** (Chicago/New York)

Little Guy

I'm for the little guy.
I'm for the guy who lost the fight
That day on the school yard
When the vully stole the nerd's hat
And the nerd let him have it.
The hat, That is.
And it wasn't right.
Demanded fight.
So the little guy nobody
Stepped forward and said,
„Hey you can't do things like that."
And the bully laughed,
„Oh yeah. Watch this."
And pushed little guy nobody's face
Into the chain link fence
Massaged it there
While the nerd looked on
Mewling, „It's only a hat.
It's only a hat."
Until the little guy nobody
Had had enough of being a hero,
Feeling the knots
Of the chain link fence
Cut into his cheeks,
and called it quits.

Yeah. I'm for that guy
Walkin' away feelin' like shit.
Feelin'as if he'd lost something
Losin' to a guy twice his size.
Because, in the movies a real hero
Chops those bullies down.
Rights the situation.

But it never worked out that way for this kid,
Righteous thoug he was.
And in his lifetime he found out
That the bullies were always winnin'
And the nerds were always helpless
And caught between them,
Forever pathtically engaged,
Were guys like him
Trying to set things right,
Trying to undo the damage,
Trying live in accordance with
ancient ideal
That even in ancient times
Must have been just that
Ideals.

But what the hell, I'm for him
Whoever he is.
Because, even today,
When it comes to a stolen hat,
A stolen chance, a stolen you name it,
he stands up
Right in the face of it
Come what may, and
says,
„Hey ...
... HEY!
You can't do things
like that."

— aus: Ko Bylanzky, Rayl Patzak (Hg.): Poetry Slam. Was die Mikrofone halten. Poesie für das neue Jahrtausend. Ariel Verlag 2000, S. 165 f.

Herzhaftigkeit ist bloß eine Temperaments-eigenschaft. Der Mut dagegen beruht auf Grundsätzen und ist eine Tugend.

— Immanuel Kant, deutscher Philosoph

AB_zum_Buch_S_078.pdf

— **Sebastian Krämer** (Berlin)

Bonn – Eine Vermutung

Ich habe mich gefragt: Wenn ich nun einer von den andern wäre – es war schwierig, sich hineinzudenken in die andern, denn die andern denken ja ganz anders, dafür, dass sie anders denken, sind sie ja die andern. Wenn ich also einer von den andern wäre – was ich machen würde ...

Ich würde Bonn angreifen.

Damit rechnet keiner.

Manche wissen gar nicht, dass es diese Ortschaft überhaupt noch gibt.

Das ist doch kein Zustand. Tun wir weltweit etwas für die Bildung, rufen wir sie wieder ins Gedächtnis. Nagasaki kannte vorher hierzulande auch kein Schwein.

„Bonn ist nicht nur Bundeshaus und Langer Eugen und Regierungsviertel. Bonn ist mehr: Hier errichteten die Römer eine römische Legion. Hier residierte manch ein Kölner Kurfürst in barocker Pracht. Von hier aus steuert aber auch die Deutsche Agentur für Raumfahrtangelegenheiten die D-2-Mission in's All. Von hier aus schafft die Telekom Verbindungen in alle Welt. Hier entwickeln Mathematiker der Bonner Uni einen Mega-Chip der Zukunft." – Das ist alles „bonn.de"-Originalzitat!

Bonn hat heute immer noch die größte Bundeskanzlerdichte in der Republik, zumindest auf dem Friedhof. Bonn ist so was von daneben. So was Abgelegtes, so was von Vergangenheit.

Und eben deshalb würd' ich Bonn angreifen. Bonn ist das perfekte Angriffsziel.

Letztlich zählt nur eins, mein Freund, und das ist: Menschen. Menschen, die in Bonn sind, sogenannte Bonner. Mehr Begründung braucht kein Mensch.

Menschen, das ist alles. Nennen wir es einfach „Aktion Mensch". Männer, Frauen, Kinder, die erst leben und dann nicht mehr leben, und sie haben Angehörige im ganzen Land, bestimmt auch in Berlin. Doch ganz egal, wohin die Bomben fallen, einen werden sie schon treffen, und da einer wie der andre ist, ist einer immer auch der andre, triffst du einen, triffst du alle. Einen in den Kopf und alle anderen ins Herz!

Sind wir nicht alle ein bisschen BONN!

Diese beiden wackeligen Türme, die ja früher oder später eh zu Boden gehen mussten! Jetzt mal ehrlich, hat denn dieses Schauspiel ernstlich irgendwen gewundert?

Eine Nutte, die am Straßenrand steht, beide Hände in die Hüften stemmt und ausruft: „Knallt mich, knallt mich, heute gibt's mich gratis!" hätte größere Chancen, nicht geknallt zu werden, als das WTC sie jemals hatte, aber Bonn, das ist was anderes! Brave Hausfrau, Mutter (meinetwegen Einzelhandels-Fachverkäuferin), kaum an Attraktivität zu unterbieten, weit und breit die hohlste Nuss den Rheinstrom rauf und runter, wenn's da kracht, dann kracht es aber richtig.

Alle werden sagen: Wenn es heute Bonn ist, ist es morgen Wanne-Eickel. Guter Vorschlag, Wanne-Eickel! Aber bleiben wir zunächst bei Bonn.

Terror hat jetzt einen neuen Namen: BONN!

Hast dir wohl gedacht, du bist schon aus dem Schneider, nix da, hiergeblieben: BONN!!!

Endlich gibt es wieder Einschaltquoten beim Bericht aus BONN!

Vergesst Pearl Harbour!

Wäre ja auch möglich, dass da unter der Fassade durchaus nichts so harmlos ist, wie es uns scheint.

Dass da Waffen lagern, alte Pershing-II-Raketen, nukleare Arsenale, die die Welt erschauern ließen, wenn die Welt es wüsste, scharfe Bomben in den Bonner Katakomben, Kopf an Kopf, da lagern sie,

und in der Tat, wenn man sie irgendwo nicht suchen würde, dann gewiss in Bonn, wo man ja nicht einmal die Existenz von Katakomben wähnt.

Sicherlich, es ist Vermutung. Die Vermutung von Vermutung um genau zu sein.

Dürfen wir uns auf Vermutungen berufen? Alles ist Vermutung. Wir vermuten notgedrungen, doch es kommt nicht darauf an, was wir vermuten, sondern wann! Vermutung hat nur einen Sinn, wenn sie der Welt zuvorkommt. BONN ist heute nur Vermutung. BONN kann morgen schon Geschichte sein. Ich würde Bonn angreifen.

Wenn ich einer von den anderen wäre.

— Sebastian Krämer: Bonn.
In: Dichterschlacht Schwarz auf Weiß. Slam 2003 Darmstadt & Frankfurt. Ariel 2003

Sebastian Krämer wurde 1975 in Ostwestfalen-Lippe geboren. Seit 1996 lebt und arbeitet er als freier Kabarettist, Dichter und Sänger in Berlin. Von1993 bis 2000 war er Mitglied der Friedberger Akademie für Poesie und Musik. Seine Kabarett-Programme sind auf mehreren CDs erschienen. Seit November 2002 ist er Gastgeber des Slams in der Berliner „Scheinbar“, der einmal im Monat stattfindet.

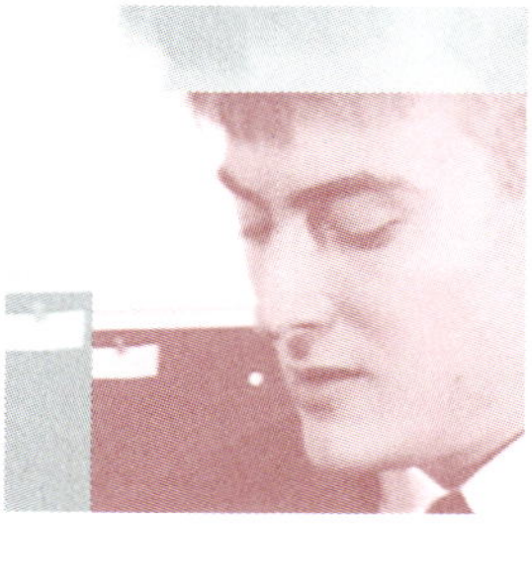

— **Björn Kuhligk** (Berlin)

Fünfmal hab ich
Magersüchtige auf die Waage gehoben

viermal sah ich
Katzen in Drahtgestellen

dreimal rannte ich
steinewerfend durch Kreuzberg

zweimal ging ein Arbeitsloser
neben mir ins Bier

einmal wollte ich
Messer in die Haut

ich bin dreiundzwanzig
demokratisch aufgewachsen
habe den Krieg im Fernsehn

— Björn Kuhligk: Fünfmal.
In: Social Beat Slam!
Poetry Bd. 3. Killroy Media 2001

Aufpasser & Hingucker

❞ Schau dir Sebastian Krämers Text als Poetry Clip auf der CD an und erstelle eine Requisiten-Liste!

— **Bas Böttcher** (Berlin)

Cooler Wintertag (2000)

Das war'n cooler Wintertag!
Wir sind verreist in die vereiste weiße Weite
in verschneite entlegene Gegenden,
durch die wir mit Moonboots, Skischuhen und Schneestiefeln
im Tiefschnee stiefelten.
Du schnieftest und schliefst dann mit Pulmoll oder Paroli
Im molligen Wollpulli am Bollerofen.
Ich lag daneben mit Rolli.
Und Frau Holles dicke Schneedaunendecke
Hing über die Hüttendecke
Wie 'ne Lawine kurz vorm Absturz.
Die Rückkehr scheiterte. Wir schienen eingeschneit –
Allein zu zweit weit und breit nur Dunkelheit.
Und im Schneekleid funkelte unbewohnt der Mond.
Wenn's auf den Klee schneit, glitzern alle Eiskristalle
ganz ungewohnt.
Vom Ofenfeuer blieb nur Glut. Ich schob Scheite nach.
Funken flogen aus den lodernden Flammen. Fackeln flackerten.
Schatten wackelten in den Wellen deiner Wolldecke.
Der Wasserkessel tütete. Ich schüttete 'ne Tüte Tee rein.
Reichte dir ein' Becher. Und die Hütte taute auf.
Du schautest zu mir rauf ohne Worte,
wie die mit der Yes-Torte.
Vertrautest darauf, dass der Schneesturm abflaut
Und das Eis draußen abtaut.
Während der Winterwind die weißen Wolken
Weich gegen die Wand haucht, graut draußen der Tag.
Im bläulichen, morgendlichen Licht glich die gleiche Gegend nun
'nem glitschigen rutschigen Gletscher. – Fertig zur Abfahrt!
Wir starteten die Schlitterparty, zersplitterten die Eiszapfen
Und schnitten mit den Schlittenkurven Furchen in den Schnee.
Der Bob schleuderte beim Slalom aus geschlängelten Bahnen
Und überschlug sich im Flug zum Loop.
Ich fing an zu zweifeln: Das war nicht wahr!
Wir war'n wahnsinnig nah am Nirvana.

Und schwebten schwerelos mit Schwung in Windgeschwindigkeit
weiter.
Huckel und Hügel, die katapultierten unser'n Raumgleiter
Ins Weltall und ins Walhall, über all war'n wir Traumreiter
Im durchgeknallten Überschall
Prallte ich mit geballter Power
gegen die Schallmauer.
Die Welt wurde wieder grauer.
Ich fiel im freien Fall aus allen Wolken
In die Daunen- und Sprungfedern
In den' ich auf dem Rücken lag.
Das war'n cooler Wintertag.

— in: Bylanzky, Ko/Patzak, Rayl: Poetry Slam. Was die Mikrofone halten. Ariel 2000

— Lydia Daher (Augsburg)

Am Tresen, träumend. (2003)

du kommst in das lokal, und ich fang an zu fantasieren:
ich will ein feierabend abenteuer treuer fremder nur mit dir!
funkelst wie ein wüstenstern, bist makellos wie eine büste
ferner zeit,
mit deiner lederjacke, und dem süßen duft von sommerregen.
und wie du dich bewegen kannst.
so geschmeidig, so seidig, wie ein musketier mit degen,
so sexy in deinen mustang jeans, komm, gib mir deinen segen!
bist taktvoll wie ein metronom, suche nach uns im himmel
wie ein astronom,
ich hab mich schon verliebt in dich!
hab raketen, die feuern, in meinem bauch und auch den versuch
längst nicht aufgegeben,
dir auf diversen wegen zu beteuern:
komm mit mir, es wird sich dann gewaltiges ergeben!
wir werden dinge erleben wie im midsummernights dream,
nur mit ner haube extra-cream obendrauf.
billy jean is not my lover! du sollst es sein!
sieh her – alles wird wie ein bunter endlos livestream an uns
vorbeiziehn,

alles nimmt seinen lauf, und wir werden es
lieben, das kann ich dir sagen!
wir können auch wie jack kerouac, mit
unserem eastpack auf dem back,
die sanfte rucksack revolution wagen.

hast du echt noch fragen?
kommst du jetzt mit mir?

oder willst du weiter an der bar kleben, biere heben,
um die langeweile zu vertreiben?
ich hoffe mal nicht, denn dann bleiben die nächsten zeilen
reine fiction ...

hör zu, dein hut ist die connection zwischen der sonne
und meinem leben,
ich will ne feierabend action nur mit dir,
will mich mit deiner attraction kleiden,
ich will, dass du mich leiden kannst!

will am lagerfeuer träume knusprig grillen, will bei lagerbier
mit dir im freien chillen,
will mit schrillen sonnenbrillen auf den augen augenblicklich dich
und mich im arm da seh'n.

ich hoffe du bist jetzt endlich überzeugt von mir, wie ein toter
von arsen im tee,
ich bitte dich, have no fear!
das schlimmste was dir passieren kann ist, dass ich wolf biermann
lieder klampf.
nee, jetzt mal im ernst...
entspann, verkrampf nicht, nimm ne kippe.
ich hab gerade eben deinetwegen wieder angefangen zu rauchen,
und einen starken brandy konnte ich auch gleich gebrauchen,
so verwegen sahst du aus, und so schön, als du rein kamst.
ich fing an zu springen: mit dem will ich leben, mit dem will ich leben!
zumindest weiß ich, nur du kannst mir heut nacht noch glück oder
so etwas geben.
das ist echt kein scherz, ich wurd ganz nervös so monströs
deine strahlung.

ich wette dein herz leuchtet so warm wie die glut nach
  sonnenuntergang,
fang nicht an zu überlegen, dich zu verkopfen,

fühl, mann, fühl!
stell dir mal vor wir zählen freudentropfen nächtelang.
stell dir mal vor wie wir in lauer morgenbrise, ich und du,
  dein morgenriese,
wie wir auf grüner wiese liegend, zum klang der grillen ravioli
  aus der dose essen,
uns danach aus unserer hose schälen, uns frivoli lieben
  und besessen nur von uns erzählen.
stell dir mal vor wie wir geheimnisse erfinden und sie dann
  selber lüften,
stell dir mal vor wir in 50 jahren mit breiten hüften auf der couch
  rumlungern,
und darüber lachen, wie alles begann mit uns, ... in einer bar

glaub mir schöner fremder,
ich will ein feierabend abenteuer nur mit dir,
ist das jetzt klar?
komm mit mir! und deine zeit wird nicht gut,
sie wird wunderbar.

— Quelle: private Sammlung der Autorin

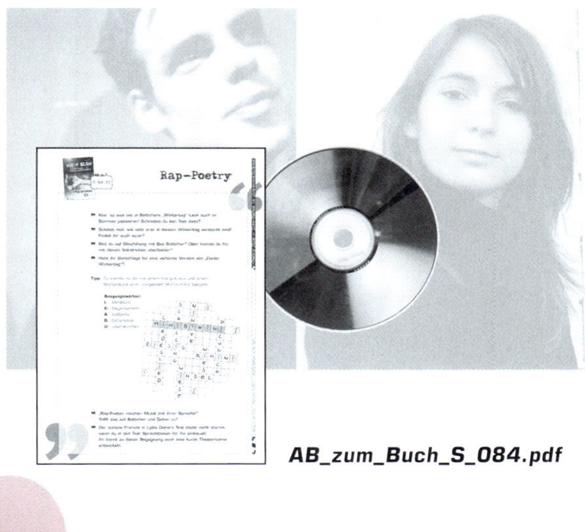

AB_zum_Buch_S_084.pdf

— **Yazmeen Acikgöz** (Bonn)

Wie ich zum slammen kam

Es war mitten in der Nacht, ich hatte einen Geistesblitz
Ich setzte mich an den Schreibtisch und spitzte meinen Stift
Der Geist fing an mit mir zu reden und blitzte auf mich ein
Du solltest weiter Texte schreiben und weiter Texte reimen
Dann auf die Bühne gehen und Texte locker slammen
Ja, ich sehe es voraus du wirst jeden Slam gewinnen
Also, textete ich weiter und reimte jeden Satz
So wurde ich mit einem Mal zum Slamking des Monats

Aber das stimmt ja gar nicht
Glaubt nicht alles, was ihr hört
Ja das stimmt ja gar nicht
Selbst wenn einer darauf schwört
Hömma, das stimmt ja gar nicht
Der Reim hat mich einfach betört
Nee, das stimmt ja gar nicht
Das stimmt ja gar nicht

Ich saß mit Freunden in der Kneipe und wir tranken Wodka pur
Nach ein paar Flaschen von dem Zeug kamen wir endlich auf Tour
Irgendwann dann war ich so voll und starrte in mein Glas
Als ich plötzlich in dem Glas meinen Wodkasatz las
Du bist die Auserwählte, solltest deinen Text verbreiten
Du solltest andere durch deine guten Texte leiten
Am nächsten Tag dann schrieb ich meine meterlangen Sätze
In Berlin ans Reichsgebäude, ja ich schrieb ganze Aufsätze
Ich reiste nach Amerika und schrieb ans Weiße Haus
Meine Anekdoten, und bekam tierisch viel Applaus
So wurde ich ein Star und verteilte Autogramme
Und bekam einen Vertrag, jetzt schreibe ich Slamprogramme

Aber das stimmt ja gar nicht
Glaubt nicht alles, was ihr hört
Ja das stimmt ja gar nicht
Selbst wenn einer darauf schwört
Hömma, das stimmt ja gar nicht

Der Reim hat mich einfach betört
Nee, das stimmt ja gar nicht
Das stimmt ja gar nicht

Es war bei einer religiösen Veranstaltung
Ich ging alleine hin, wieder mal ohne Begleitung
Es wurde diskutiert, woher Buddhas Weisheiten stammen
Es wurde spekuliert, wer setzte diesen Text zusammen
Man fragte und horchte ob die Besucher etwas wissen
Melden tat sich keiner, nur ich, jetzt war ich aufgeschmissen
Denn eigentlich wollte ich mir nur in der Nase bohren
Doch auf einmal wuchsen mir plötzlich Buddha-Ohren
Man erklärte mich für göttlich und ich kam auf Titelseiten
Der Buddhamagazine, und jetzt slamm ich nur noch Weisheiten

Aber das stimmt ja gar nicht
Glaubt nicht alles, was ihr hört
Ja das stimmt ja gar nicht
Selbst wenn einer darauf schwört
Hömma, das stimmt ja gar nicht
Der Reim hat mich einfach betört
Nee, das stimmt ja gar nicht
Das stimmt ja gar nicht

— Quelle: bislang unveröffentlichter Text von Yazmeen Acikgöz

— **Yazmeen Acikgöz** (Bonn)

Dichter Krieg

Es war an einem späten Morgen
Ich hatte wieder zuviel Sorgen
Und dachte mir die letzte Nacht
'Ne Disco sei jetzt angebracht

Ihr wisst schon, diese lauten Tempel
Wo man mit allerlei Gerempel
Arsch und Hüften zur Musik schwingt
Nach 1–2 Bier auch schon mal mitsingt

Mit scharfem Blick und dicken Hosen
Die Männer an den Tresen posen
Den Frauen ihre Balz vorführen
Bis diese lassen sich berühren
Und bald schon in den Armen liegen
Bis Mann sich an die Brust kann schmiegen
Und bis sie flüstern mit Gekicher
„Ein Fick ist dir heut' Abend sicher!"

Doch nun kam ich in diesen Tempel
Wo man mit allerlei Gerempel
Arsch und Hüften zur Musik schwingt
Und um die besten Tanzplätze ringt

Mein Blick, der sucht direkt die Bar auf
Damit ich mir erst mal was ansauf'

Ihr wisst schon: Etwas Selbstvertrauen
Und um Hemmschwellen abzubauen

Kaum hab' ich am Glas genippt
Werd' ich auch schon angetippt
Ich dreh' mich um, um nachzuschauen
Doch statt Freude kommt nur Grauen ...

Ein Türke, grad 1,60 groß,
– Der wollt angeblich Feuer bloß –
Labert, von wegen schöne Augen
Übersetzt: Willst du 'n mir saugen?
Erzählt, von wegen schönster Blick ...
Übersetzt: Willst du 'n Fick?
Faselt, ich wär' ja „achsonett"
Übersetzt: Lass uns ins Bett ...

Ich merke bald, der klebt an mir
Wie 'n Kaugummi am Blatt Papier
Schnell gebe ich ihm zu verstehn'
Dass er sich umdrehen kann und gehen:

„Wenn ich 'n Mann wär' würd' ich sagen,
du kannst im Stehen mir einen blasen!"
Da punktet er in diesem Spiel:
„Na, dazu fehlt ja nicht mehr viel!"
Und währenddessen mir perplex
Die Kinnlade zu Boden fiel

Sag mal, warum kniest du eigentlich?
Bin ich denn so faszinierend?
Findest du das denn nicht peinlich?
Ist das denn nicht strapazierend?
Nun komm und steh schon auf mein Sohn
Ach so, verzeih', du stehst ja schon.

Und während ich da so schön lach'
Und mein, ich hätte jetzt die Macht
Hat der Knabe unverhofft
Den nächsten Satz sich ausgedacht:

„Spotte nicht über die Größe!
Auf die Technik kommt es an
Wenn ich dich erst mal entblöße
Siehst du mal, was ich so kann.
Siehst aus, als suchtest du schon lang
Nach einem sehr potenten Mann
Der es dir gut besorgen kann!"

Ich stehe wie ein Fragezeichen
Wie 'n Zug vor ganz verquerten Weichen
Desinteressiert und kein Elan
Wegen diesem Größenwahn:
„Versteh' du interessierst mich nicht
Geh' mir endlich aus 'm Licht
Hast du denn nicht mehr zu tun
Außer um meine Gunst zu buhlen?"

Der kleine Türke gar nicht dumm
Versucht's ganz plötzlich andersrum:
„Ach weißt du was, ist eh egal
ich hab' hier noch genügend Wahl".

„Ach ja?!", hab ich mich gefragt
mich an den nächsten Satz gewagt:
„Hat dir die Mama nicht gesagt
Rede nie mit Fremden?

Such dir doch mal dein Format
Hör auf, Zeit zu verschwenden".

Da dreht er sich auch bald schon um
– Braucht nicht so gucken, ist schon dumm ... –
Geht zur Nächsten Gegenüber
Ihr Blick ist auch schon weitaus trüber
Vielleicht macht sie den Kleinen munter
Und holt ihm endlich einen runter.

So proste ich mir selber zu
Denn endlich hab' ich meine Ruh'.

— Quelle: bislang unveröffentlichter Text von Yazmeen Acikgöz

Yazmeen Acikgöz aus Bonn, Jahrgang 1979, lebte zuvor lange Zeit in Göttingen. Sie beschäftigt sich mit Schauspiel, Bauchtanz, Musik und schreibt schon Texte seit der Grundschule.

- Über Nacht ein Star – wie kann das funktionieren? Fütter dein Notizbuch mit Träumen und schreibe deine Vision als Strophe 4 des Textes „Wie ich zum Slammen kam!"
- Dichter Krieg: Die peinlichste Anmache – wer bietet mehr? „Es war ..."
- **Tipp:** Nimm dein Notizbuch bei der nächsten Disco-Tour mit. Vielleicht kriegst du gutes Material zum Texten!
- Vom Krieg zum Sieg? Wie sieht dein Happy End beim Kampf der Geschlechter aus?

— **Fiva** (München)

Alleine gehen

wenn ich nicht bei dir bin weiß ich nicht wie's weiter geht
frag im sekunden takt wie spät doch zeit steht still
ich atme laut damit mein kopf mir glaubt
dass ich leben will dass ich wirklich leben will
ich bin so müde vom denken doch mach nichts anders
nur jemand der loslässt geht und kann das – was?
Na ja vergessen was kommt vergessen war war
seine zeit nicht bemessen sich befreien vom jahr
tag und der sekundenbegrenzung ich geh zu konsequent um
mit den stunden und kämpf um soviel was sowenig wert ist
bin zu herzlich und wer härter mehr trifft wehrt sich
es schmerzt mich zu sehen wie viel frust mich umgibt
für mich ist lust mein antrieb der mir grund und land gibt
ich muss tun was ich lieb weil mir soviel dran liegt
doch ich bin krank denn ich schrieb bis zum inneren krieg
ließ mich gehen bis ich trieb und vermiss jetzt das ufer
bin treibholz und find nichts was irgendwie gut war
bist du da weiß ich was kommen wird weist sich
nur alleine am schreibtisch fehlt mir die weitsicht

ich brauch dich so sehr du musst mich beschützen
doch ich darf nicht immer bei dir sein
sonst würdest du nur meinen lebensweg stützen
und ich könnt nicht gehen – für mich allein
ich brauch dich so sehr – hörst du was ich sage
ich hab schon vergessen wie es ist zu stehn
da ich bei dir nichts zu beweisen habe
hab ich den willen verloren alleine zu gehn

ich spür nicht nur beklemmenden druck
wann du gehst wann du kommst ich verschwend schon genug
zeit an gedanken diesen kreislauf zu ändern
nur der geist ist zu schwach dass er erkennen kann
ich muss mich nicht entscheiden zwischen dir und meinen zielen
muss mich nicht entscheiden zwischen dir und meinen zeilen

ich muss nur unterscheiden zwischen einsam und allein
denn selbst wenn du nicht da bist wirst du immer bei mir sein

mein körper bricht ein von den dauernden krämpfen
für dich bin ich schön auch mit fieber und schweiß
doch ich will wieder lernen alleine zu kämpfen
denn ich weiß was ein kampf für den sieger heißt
ich vermiss das gefühl von stolz auf eigene leistung
lob für eigene arbeit stress und dann erleichterung
ich muss für mich stehen um mich anzulehnen
doch das anzugehen heißt ich kann dich nicht sehen
ich hab mich gewöhnt an unser tägliches leben und
vergessen dass ich ein eigenes besitz
doch anstatt es zu nehmen stand ich daneben
du hast mich gesehen und dann nahmst du mich mit
seitdem ist jeder schritt beschützt und bewacht
doch zum gehen ohne dich fehlte lange die kraft
ich hab den anfang gemacht – geh auch wenn's hart ist
da mein glaube stark ist dass du am ende wartest

ich brauch dich so sehr du musst mich beschützen
doch ich darf nicht immer bei dir sein
sonst würdest du nur meinen lebensweg stützen
und ich könnt nicht gehen – für mich allein
ich brauch dich so sehr – hörst du was ich sage
ich hab schon verlernt wie es ist zu stehen
da ich bei dir nichts zu beweisen habe
hab ich den willen verloren alleine zu gehen

— aus: PlanetSlam, yedermann 2002, S. 20f.

„Einsam bist du, sehr alleine und am schlimmsten ist die Einsamkeit zu zweit."

— Erich Kästner, „Kleines Solo", 1947

„Nur wer sich selbst lieben kann, ist auch fähig, andere zu lieben!"

— Erich Fromm, „Die Kunst des Liebens"

— **Xóchil A. Schütz** (Berlin)

gute mächte (2002)

weil ich weiß, dass ich wieder aufsteh
und wieder meinen weg langgeh
weil ich weiß, dass ich mich wieder frei&willig wegdreh
weil ich weiß, dass ich dich wiederseh
deswegen – kann ich mich immer dichter an dich legen
so verwegen macht mich mein vertrauen:
weil ich dich heute liebe, brauch ich nicht auf die zukunft bauen

und weil ich weiß, dass du wieder aufstehst
und wieder deinen schönen weg begehst
weil ich die kraft und ruhe deiner seele kennenlerne
halt ich dich gerne! halt ich dich gerne, wenn du nähe suchst
halt ich dich gerne, wenn du wegen schmerzen fluchst

und weil ich weiß, dass wir beide unsre schönen wege gehn
ist es okay, dass wir uns zwischendurch mal nicht verstehn
ist es okay, weil ich weiß, dass wir uns leiser wiedersehn

und weil ich weiß: ich kann mir selbst verzeihen und vertrauen
weil ich das weiß, kann ich mit soviel liebe
so viel güte, so viel freude auf dich schauen
und weil du weißt: ich werd mich wieder glücklich an dich schmiegen
lässt du mich fliegen, lässt du mich auch alleine fliegen

ja, weil wir wissen, wir können uns vertrauen
deswegen bauen wir auf heute und sind auch morgen
von guten mächten wunderbar geborgen
erwarten wir getrost, was kommen mag
denn gute mächte sind mit uns am abend und am morgen
und ganz gewiss an jedem neuen tag

ja, weil wir uns vertrauen, deswegen bauen wir auf heute und sind auch morgen
von guten mächten wunderbar geborgen

— **Quelle: www.xochillen.de**

„Von guten Mächten wunderbar geborgen
erwarten wir getrost, was kommen mag.
Gott ist bei uns am Abend und am Morgen,
und ganz gewiss an jedem neuen Tag.“

— Refrain des Liedes „Von guten Mächten“ von Dietrich Bonhoeffer

Bonhoeffer (1906–1945), evangelischer Theologe und Pfarrer, engagierte sich nach der Machtübernahme durch die Nationalsozialisten in der Bekennenden Kirche. Er erhielt Lehr-, Rede- und Schreibverbot, wurde wegen seiner Widerstandshaltung am 5. April 1943 verhaftet und vier Tage später im Konzentrationslager hingerichtet.
Das Lied „Von guten Mächten“ schrieb Bonhoeffer kurz vor seiner Hinrichtung.

AB_zum_Buch_S_094.pdf

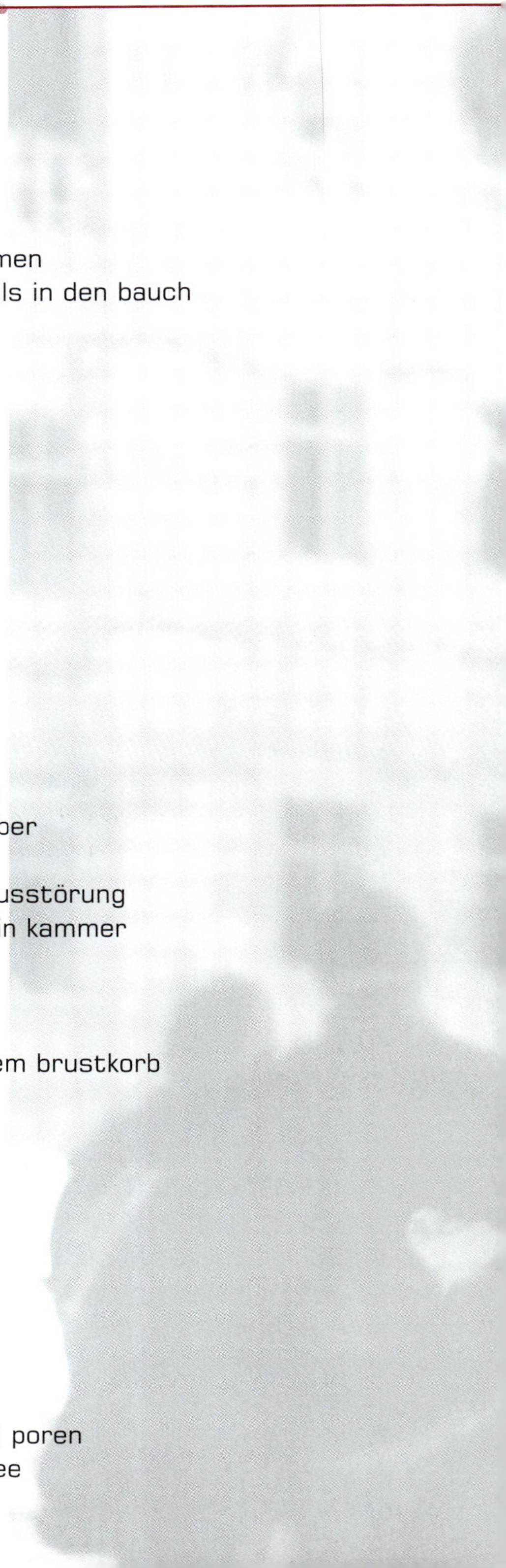

— **Xóchil A. Schütz** (Berlin)

land am wörtersee 2001

wenn du kommst, kauf ich schon blumen
und bist du weg, schickst du mir mails in den bauch
und ich vermiss dich
wir hängen jede nacht am telefon
aber an uns noch viel länger
und grad hab ich geheult
weil – ich vermiss dich
wir denken nicht an ewig
weils ja immer anders kommt
weil wenn wir hoffen
wenn wir hoffen haben wir angst
wir spielen hase und maus
gaga und mama
und die tage zerfließen
bis wir auf gründen sitzen:
lieben wiegt so viel wie wir selber
und wir ringen darum, autark zu sein
die liebe, wir selber, die liebe, wir selber
und keiner gibt bei
wir lieben wie kinder mit herzrhythmusstörung
wir zerren, wir stürzen von kammer in kammer
und wir schlagen auf:
ich vermiss was! ich vermiss dich!
und wenn ich komme
wenn ich komme bin ich gold an deinem brustkorb
und es ist nicht mehr fahren
und es ist nicht mehr bahnhof
und ich sag endlich: ich liebe
und nicht mehr ich habe
wir sagen wir lieben
und wir suchen uns andere
weil wir nicht glauben
und weil wir sammler sind
sanfte tiere
mit sterbigen wintern
wir sammeln sonnen aus pupillen und poren
wir sammeln pappeln für eine lichtallee

und die bilder sind träume
unsere welt ist sprache
die sonnen fallen
die welt ist fragil
wir lieben wie engel ohne gleichgewicht und auftrag
wir verstecken uns in höhlen
unantastbar zu sein
dann ist das lieben ferner verlaufen
dann bleiben lächelnde substanzen greifbar
und die welt fällt erst morgen
– doch ich vermiss dich!
und bilder sind mit dir abgetrieben:
das land am wörtersee
die urne für zwei
und dann fürchte ich
ich fürchte frischfleisch
fremde stimmen auf deinem ab
und ich schweige
solang bis wir wüten
wir wüten in hotelzimmern und auf plätzen
und wir rennen
wir rennen auseinander und
beschließen die welt unsinnig
wir irren
doch wenn du weg bist
sind die straßen mehlweiß und fremde
ist die sonne ermattet
hält der wagen nicht an
und ich laufe mein herz ab
bis wir uns kreuzen
und du kommst mir mit lutscher und liebe
und ich lange danach
und dann lieb ich dich wie ein kind
tollgeworden, geworfen
und ich male tagelang blumen
damit sie neben uns fallen
falls die welt zerbricht
aber sie bricht doch nicht
die welt doch nicht

— Quelle: www.xochillen.de

— **Florian Werner** (Tübingen)

Servus

Sag zum Abschied nicht: Adieu.
Sag nicht: Du, es war irgendwie unheimlich schön
mit Dir.
Sag nicht: Ich glaub, es ist für uns beide
das Beste so.
Sag nicht: Du warst ja viel zu gut für mich.
Sag nicht: Laß es uns doch noch
einmal miteinander probieren.
Sag nicht: Ich ruf dich an, ja?
Sag nicht: Und die Leute ham immer gesagt,
wir wären so ein schönes Paar.
Sag nicht: Aber körperlich, *körperlich* hat es doch meistens ganz
gut geklappt, oder?
Sag niemals: Ich glaube, ein Teil von mir wird dich ein Stück weit
immer lieben.
Sag auf gar keinen Fall: Wenn ich „Every Breath You Take" höre,
werde ich bestimmt jedes Mal an dich denken müssen.

Sag nicht: Weißt du, was Konfuzius sagt? „Jedel Abschied ist
wie ein kleinel Tod."
Sag nicht: Erinnerst Du Dich an die Szene in *Casablanca*,
wo Bogart die Bergman am Kinn fasst, man sieht sie
mit Weichzeichner, Victor steht total eifersüchtig daneben,
aber Bogart lässt sich nicht meschugge machen, er schaut
die Bergman an und sagt:
Sag nicht: Die Zeit mit dir hat sich auf ewig in mein Gedächtnis
eingebrannt.
Sag nicht: Geh mit Gott.
Sag nicht: Okay dann.
Sag nicht: Wir sehen uns im nächsten Leben.
Sag nicht: Time to say goodbye.
Sag nicht: I'll be back.
Sag nicht: Here looking at you, kid.
Schau nicht hin,
Geh nicht zurück,
Und sag beim Abschied leise: Fick dich.

— aus: Ko Bylanzky, Rayl Patzak (Hg.): Poetry Slam. Was die Mikrofone halten. Poesie für das neue Jahrtausend. Ariel Verlag 2000, S. 101

Weiterdenker

- Rendevous geplatzt, Arbeit in den Sand gesetzt, Handy verloren ... Welche Sprüche kannst du in solchen Situationen echt nicht mehr hören? Sammle solche Nervtöter in deinem Notizbuch!

"Schreib aufrichtig, versuch nicht, andere mit dem zu beeindrucken, was du für Poesie hältst, und versuch nicht, andere zu täuschen. Schreib schnell, nicht zuviel überarbeiten, in Bewegung bleiben, sei ehrlich in der Stimme. Versuch nicht, die Welt in einem einzigen Gedicht, zu heilen, lass ein paar Probleme für die anderen übrig."

— Cary Tennis, in: Slam!Poetry. Heftige Dichtung aus Amerika. Edition Druckhaus Galrev. Berlin 1993, S. 5

Zusammenarbeit ist ...

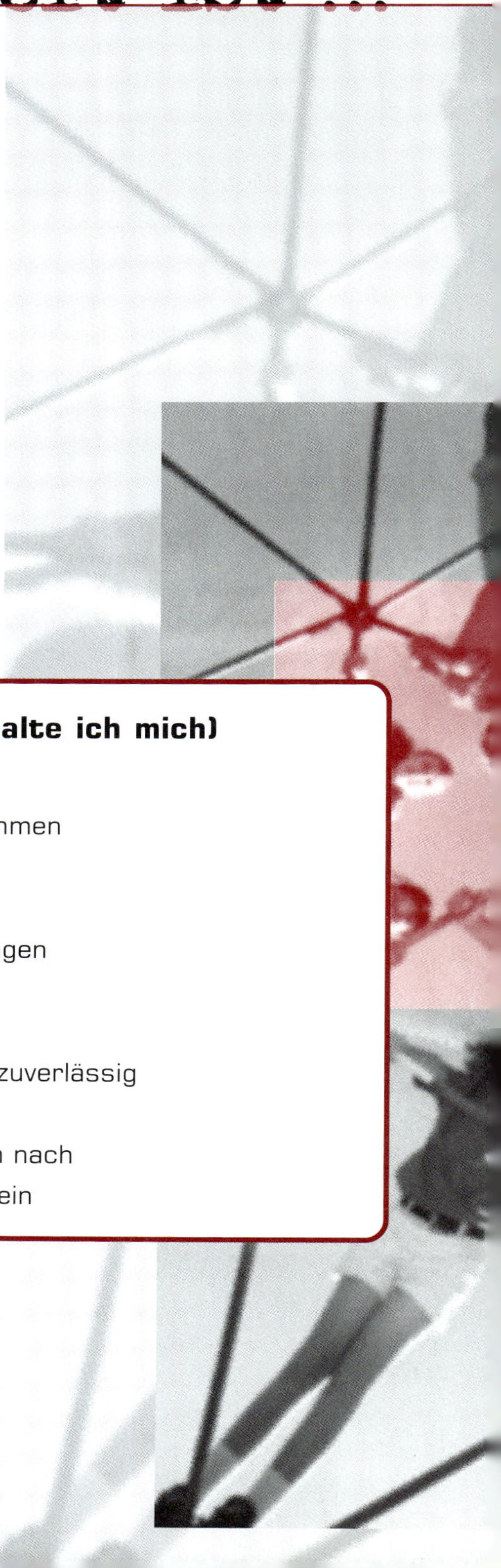

In einem Projekt arbeitest du intensiv mit unterschiedlichen Menschen zusammen. Jeder hat Stärken und auch Schwächen, die er einbringt bzw. an anderen beobachtet. Zur gelungenen Projektarbeit gehören vor allem Teamfähigkeit und Selbstkompetenz. Die Kompetenzfelder geben dir Anhaltspunkte, nach denen du dich selbst und dein Team einschätzen kannst. Überlegt gemeinsam, welche Punkte euch am wichtigsten sind.

Personalkompetenz (So verhalte ich mich)

- ☐ bin pünktlich
- ☐ bin bereit, Aufgaben zu übernehmen
- ☐ bin vorbereitet
- ☐ beteilige mich regelmäßig
- ☐ reagiere flexibel auf Veränderungen
- ☐ übernehme Verantwortung
- ☐ habe das nötige Material dabei
- ☐ halte mich an Absprachen, bin zuverlässig
- ☐ bringe eigene Vorschläge ein
- ☐ frage bei Verständnisproblemen nach
- ☐ lasse mich auf neue Methoden ein

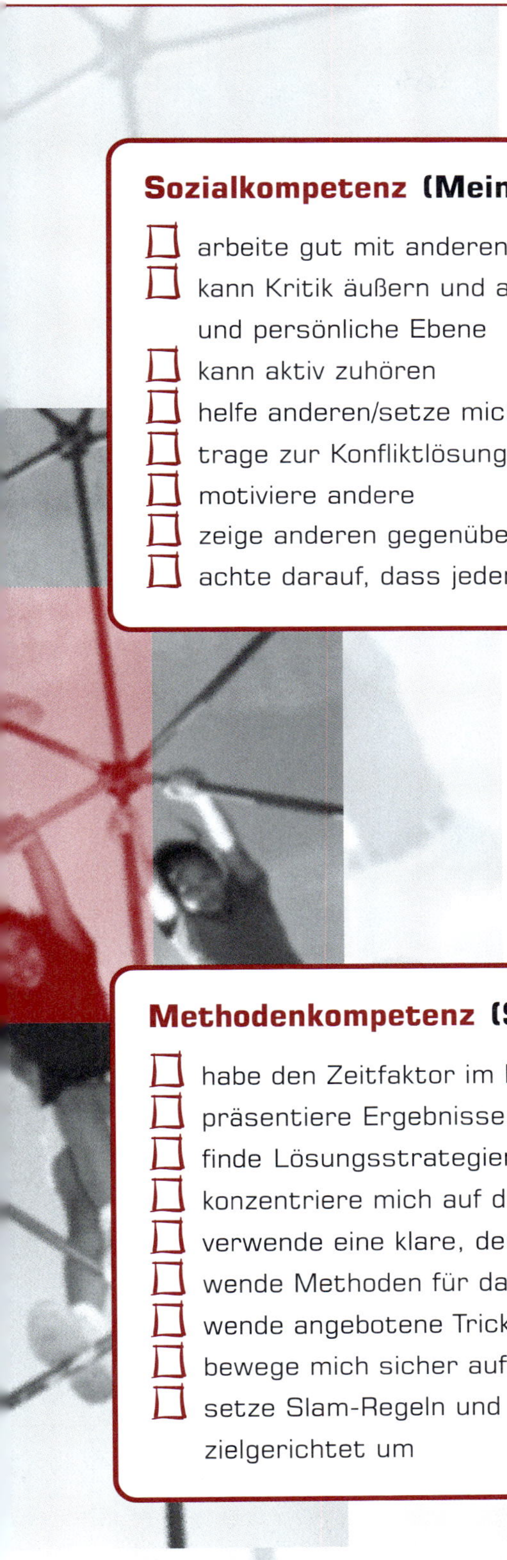

Sozialkompetenz (Mein Umgang mit anderen)

- ☐ arbeite gut mit anderen zusammen, fördere Kooperation
- ☐ kann Kritik äußern und annehmen, trenne sachliche und persönliche Ebene
- ☐ kann aktiv zuhören
- ☐ helfe anderen/setze mich für andere ein
- ☐ trage zur Konfliktlösung bei
- ☐ motiviere andere
- ☐ zeige anderen gegenüber Wertschätzung und Respekt
- ☐ achte darauf, dass jeder seine Vorschläge einbringen kann

Methodenkompetenz (So arbeite ich)

- ☐ habe den Zeitfaktor im Blick
- ☐ präsentiere Ergebnisse verständlich
- ☐ finde Lösungsstrategien
- ☐ konzentriere mich auf das Wesentliche
- ☐ verwende eine klare, deutliche Ausdrucksweise
- ☐ wende Methoden für das Texten an/probiere Neues aus
- ☐ wende angebotene Tricks für die Performance an
- ☐ bewege mich sicher auf der Bühne
- ☐ setze Slam-Regeln und die mir übertragenen Aufgaben zielgerichtet um

Finde und erprobe ...

Was die Werkstatt dir bietet:

Vom Lesen ...

Du hast aktuelle Texte von Künstlern aus unterschiedlichen deutschen Städten kennengelernt. Die Themen der Texte werden dir manchmal bekannt vorkommen, manche befremden dich vielleicht. Jeder Text hat seine eigene Machart. Jeder Text ist von Gefühlen und Gedanken begleitet. Slam Poetry ist die Kunst, das alles mitzuteilen und Anknüpfungspunkte für das Publikum zu schaffen.

... zum Schreiben

Jetzt kannst du selbst Slam Poetry texten. Der Schritt zum eigenen Schreiben ist für dich vielleicht ungewohnt oder schwierig. Die Texte der Slammer können dich anregen, eine Machart, die dir gefällt, selbst zu verwenden. Wenn du mit deinen Texten Anschlussmöglichkeiten bietest, kann sich das Publikum besser in dich und dein Thema hineinversetzen. Tipps und Tricks dieser Kunst kannst du in der Werkstatt lernen.

„Verwende deine eigene Sprache! Schreibe nichts, was du nicht auch sagen würdest!“

— Bas Böttcher, Rap-Poet aus Berlin

„Sprache ist immer noch das direkteste Mittel, um sich über sich selbst klar zu werden.“

— Timo Brunke, Slam-Poet aus Stuttgart

... deinen eigenen Stil

Fragen, die du für dich klärst

- Welche Slam-Texte entsprechen deinem Stil? Bevorzugst du eher gereimte Texte in Versen oder erzählende Texte?
- Was sind deine Themen?
- Wie willst du sie versprachlichen?
- Wie kannst du sie verkörpern?

Fragen, die ihr in der Gruppe klärt

Bildet Kleingruppen und führt ein Brainstorming zu folgenden Fragen durch:

- Warum denn schreiben?
- Warum performen?
- Welche Fähigkeiten braucht man?
- Kann man schreiben oder performen lernen?
- Warum könnte wer was wie schreiben?
- Kann man eurer Meinung nach von Texten auf Persönlichkeiten schließen?
- Was sollte jeder Text bzw. jede Performance bieten, um zu funktionieren?
- Wie kann man konstruktiv mit dem Wettbewerbscharakter im Slam umgehen?

Sprecht anschließend in der Gruppe über unterschiedliche Ansichten.

Aufpasser und Hingucker

- Schau dir die verschiedenen Tracks auf der CD-ROM an. Welche sprechen dich an? In welche Richtung willst du mit deinem Slam-Beitrag gehen?

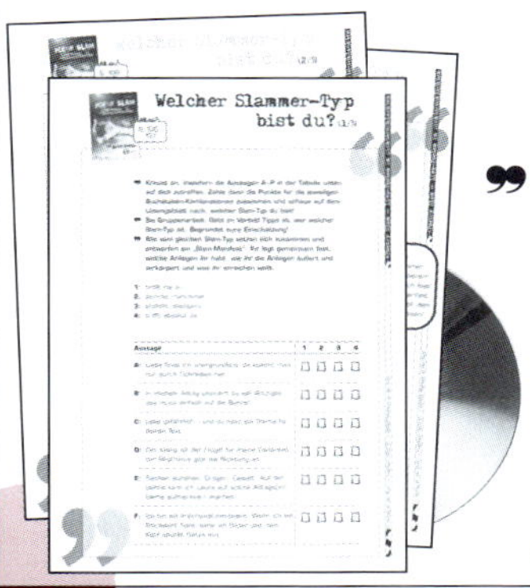

- Welcher Slammer-Typ bist du? Teste dich selbst mithilfe des Arbeitsblattes!

AB_zum_Buch_S_106.pdf

Was sind deine ...

Vielleicht fallen dir auf Anhieb nicht so viele Themen ein, über die du schreiben könntest. Dann sind diese Anregungen bestimmt hilfreich:

Den Kopf ausleeren

Schreibe in einer Minute alle Gedanken, Themen und Gefühle auf, die dir im Kopf umherschwirren. Mache daraus ein Cluster und kreise ein, welche Themen zur Zeit aktuell und wichtig sind. Sammle dann Assoziationen, die du beim Schreiben benutzen kannst.

Themen-Collage

Sammle in der Zeitung oder in deinem Alltag Themen, die du spannend findest.
Gestalte eine Text-Bild-Collage zu einem dieser Themen.
Entwickle daraus einen Titel und ein Anliegen für einen Text.

Zitate-Puzzle

Suche aus Gedichten, Romanen oder den Medien spannende und beeindruckende Wörter oder Zitate. Bastle ein Puzzle daraus:
Die einzelnen Textbausteine können immer wieder neu verschoben werden. Probiere einige Varianten aus und finde eine Endversion.
Welche Stimmung und welches Anliegen transportieren die Wörter in dieser Anordnung? Leite einen Titel ab und schreibe aus Puzzleteilen einen eigenen Text.

... Themen?

Ein Gruppen-Ranking erstellen

Jeder schreibt zwei Themen auf, die ihm besonders wichtig sind. Die Zettel werden mit Magneten an die Tafel gehängt und nach Oberbegriffen sortiert. Jeder erhält drei Klebepunkte und darf die Punkte auf die für ihn wichtigsten Oberbegriffe kleben. Wenn ein Oberbegriff besonders wichtig ist, können auch alle drei Punkte darauf geklebt werden!
Anschließend bildet ihr Themengruppen und schreibt zu zweit oder allein einen Text über euer Thema. Wählt in der Kleingruppe die besten drei aus und hebt sie für den Slam auf.

Ein Slammer-Handbuch führen

Lege dir ein Notizbuch oder eine „Kladde“ zu, in die du deine Ideen, Themen und Texte einträgst und sammelst. Trage es immer bei dir, damit du spontane Ideen sofort aufschreiben und an bereits verfassten Texten weiterarbeiten kannst.

Ein Interview

Falls du spontan kein konkretes Thema im Kopf hast, helfen dir diese Fragen vielleicht weiter. Ihr könnt auch ein Partnerinterview daraus machen:

- Worüber hast du dich in letzter Zeit am meisten gefreut?
- Was hat dir den letzten Nerv geraubt?
- Was beschäftigt dich, wenn du auf dem Schulweg bist?
- Was wolltest du der Klasse schon immer mal sagen?
- Welches politische Ereignis hat dich wütend oder froh gemacht?
- Wovon träumst du vor dem Einschlafen?

Schatztruhen

Die Schatztruhen kannst du als Schreibimpulse einsetzen. Sie enthalten Ideen und Wort-Schätze. Du kannst sie gemeinsam mit anderen ausgraben oder mit neuen Schätzen füllen.

Frage-Schatz

In diesen Schatztruhen liegen Fragen, die ihr gemeinsam oder jeder für sich beantworten könnt. Mit deinen Assoziationen kannst du beim Schreiben verschwenderisch umgehen. Einige Beispiele für Themen oder Schlagwörter sind:

Liebe

- Wann beginnt Liebe?
- Wo endet Liebe?
- Was mache ich, wenn ich liebe?
- Wie teile ich Liebe mit?
- Wen/Was liebe ich/nicht?
- ...

Zukunft

- Wie sieht die Welt in 20, 30, 40, 50, 100 Jahren aus?
- Was mache ich zu dieser Zeit?
- Wie sehen die Menschen in meiner Umgebung dann aus?
- Welche Worte sind dann „in“, welche „out“ und warum?
- ...

Wunderfrage

- Über Nacht habe ich alle meine Wünsche verwirklicht. Wie sieht die Welt dann aus?

Schatztruhen

Wort-Schatz

Welche Wörter oder Vergleiche sind dir beim Lesen oder Zuhören der Slam-Texte aufgefallen? Legt zusammen einen Wort-Schatz an und füllt ihn mit interessanten Wörtern, die ihr in eurer Umwelt gehört habt. Bildet dann Assoziagramme zu eurem Wort-Schatz.

Ort-Schatz

Über welche Orte schreiben die Slammer?
Welche Assoziationen hast du zu folgenden Orten?
Wüste, vor dem Schultor, Schule in Afghanistan, Technoclub …

Alltags-Schatz

Trage immer ein Notizbuch oder einen Skizzenblock bei dir! Die besten Ideen kommen unterwegs, wenn du Menschen beobachtest (U-Bahn, Haltestelle, Supermarkt) oder deine Gedanken kreisen lässt.

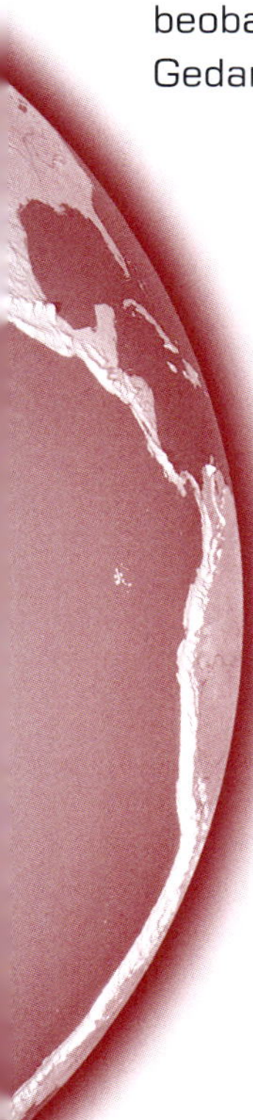

Die reichste Schatztruhe steckt in dir! Nimm dir vor, eine Woche lang dein Notizbuch/Skizzenblock mit Gedanken zu füllen.

Kritik-Baukasten

Die Slammer auf der Bühne sind der Kritik schonungslos ausgesetzt, denn sie treten vor die Publikumsjury. In der Slam-Werkstatt kannst du Kritik üben. Übrigens – der Begriff Kritik heißt: Besprechen einer künstlerischen Leistung. Wie beim Sport gilt auch beim Poetry Slam: Fair play!

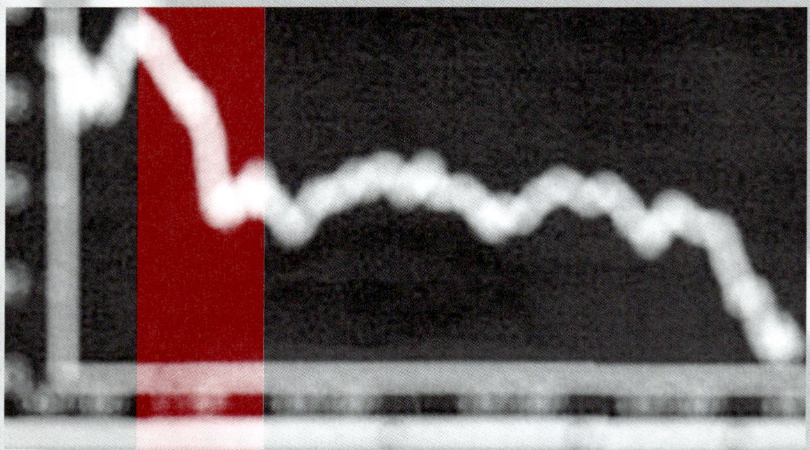

Kritisches an Texten feststellen und äußern

- Äußere Kritik immer sachbezogen und nie persönlich.
- Zeichne während eines Textvortrags eine Hörkurve, in der Momente der Spannung fortlaufend dargestellt werden. So kannst du „Knackpunkte" im Text feststellen und diskutieren.
- Reiche einen Text in der Runde weiter, sodass jeder an gelungenen oder kritischen Stellen Kommentare einsetzen kann.
- Gib einem Text eine Einschätzung von 1–10 und begründe, warum du mehr bzw. weniger als 5 Punkte verteilt hast.
- Vergleiche den Text mit der jeweiligen Schreibaufgabe: Erfüllt der Text die Anforderungen? Inwiefern geht er darüber hinaus? Was zeichnet diesen Beitrag gegenüber anderen bzw. dem Ausgangstext aus?
- Bei schwierigen Entscheidungen könnt ihr eine geheime Wahl des besten Textes durchführen.
- Begründe deine Kritik stets mit Textstellen. Das ermöglicht eine Überarbeitung von Schwachstellen. Der Text an sich kann dann vielleicht gerettet werden.

Kritik-Baukasten

So gehen Profi-Slammerinnen mit Kritik um

— **Xóchil A. Schütz**

„Ich lerne, zu unterscheiden. Es gibt wertvolle Kritik, an der ich mich abarbeite. Es gibt aber auch Kritik, die ich von mir weise. Letztens hat mir jemand gesagt: „Schreib doch mal 'ne witzige Geschichte. Was du machst, will doch keiner hören." Ich schreib ab und zu 'ne witzige Geschichte. Aber ich bin Poetin. Und ich mach die beglückende Erfahrung, dass ich Menschen damit berühren kann. Respektlose Kritik kommt gelegentlich von Autoren, die gewinnen wollen, aber wenig an Text und Vortrag arbeiten und dann neidisch auf bessere sind."

„Positive Kritik hört jeder gerne. Aber mal im Ernst: Sie bringt lediglich das Ego, nicht die Schreibe weiter. Negative Kritik lässt jeden erst mal schlucken, ist aber bedeutsam für das Vorankommen. Ehrlich! Auch wenn man vielleicht erst nach Monaten begreift, was einem überhaupt nahegelegt werden sollte. Negative Kritik animiert dazu, sich zu überprüfen. Und kommt besonders passend, wenn man sich seiner Sache gerade ziemlich sicher ist. Denn Sicherheit birgt Stagnation."

— **Lydia Daher**

Aufpasser und Hingucker

- Welche Formen von Kritik unterscheiden die beiden Slammerinnen?
- Markiere die Sätze, die deiner Meinung nahekommen.
- Schreibe dir ein paar Tipps zum Umgang mit Kritik in dein Notizbuch!

Papierkorb, Patient ...

Nicht jeder Text, den du schreibst, ist auch auf Anhieb perfekt. Das heißt aber nicht, dass du einen Text jedes Mal ganz neu schreiben musst, wenn du nicht zufrieden bist. Auch die Slam-Poetin Xóchil A. Schütz muss ihre Texte überarbeiten:

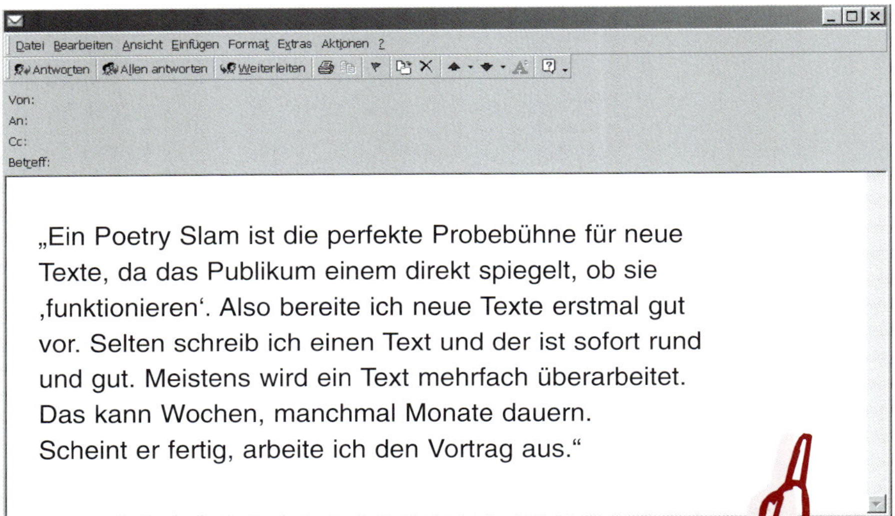

„Ein Poetry Slam ist die perfekte Probebühne für neue Texte, da das Publikum einem direkt spiegelt, ob sie ‚funktionieren'. Also bereite ich neue Texte erstmal gut vor. Selten schreib ich einen Text und der ist sofort rund und gut. Meistens wird ein Text mehrfach überarbeitet. Das kann Wochen, manchmal Monate dauern. Scheint er fertig, arbeite ich den Vortrag aus."

— **Xóchil A. Schütz in einer E-Mail an die Autorin**

Tipps zum Überarbeiten

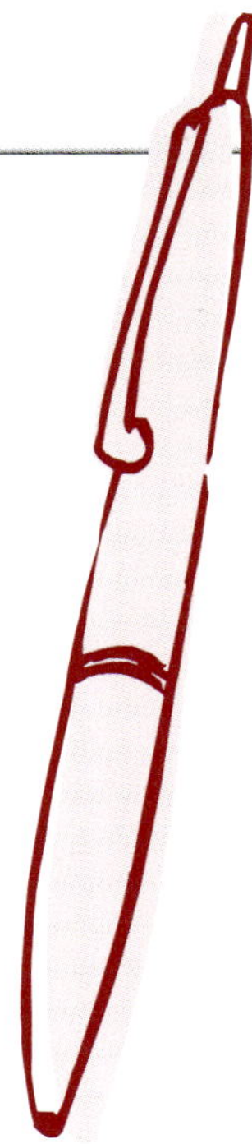

- Unterstreiche alles, was dir **überflüssig** oder **widersprüchlich** vorkommt.
- Streiche die **Füllwörter** (und, auch, nämlich, ebenso, außerdem etc.), die keine Funktion für den Text haben.
- Ersetze **abstrakte Wörter** durch konkrete Gefühle, Handlungen oder Beschreibungen.
- Überprüfe, ob du die **Zeitform** logisch eingesetzt hast.
- Achte darauf, dass die **Perspektive**, aus der erzählt wird, nachvollziehbar gestaltet ist und durchgehalten wird.
- Korrigiere **Rechtschreibfehler** mithilfe von Experten oder mit dem Duden.

... oder Präsentation?

» Lege drei Körbe für deine Texte an:

Präsentationskorb:

Hier liegen alle Texte, die auf ihre Präsentation bei eurem Poetry Slam warten. Sie sind inhaltlich und stilistisch überarbeitet. Als Slam-Beitrag hast du schon eine passende Performance (Vertonung, Sprechrhythmus, Tempo, Betonung) eingeübt. Auch Rechtschreibfehler sind korrigiert.

Tipp:

Schreibe die Texte auf Karteikarten oder mit Absätzen, sodass du einen besseren Überblick hast und sie leichter auswendig lernen kannst.

Patientenkorb

Hier liegen alle Texte, die inhaltlich oder stilistisch kranken. Möglicherweise hast du auch noch keine Idee für eine Performance gefunden.

Tipp:

In Gruppenarbeit lassen sich die Texte mit Markierungen und Ergänzungen am besten operieren. Jedes Gruppenmitglied probiert auch neue Sprechweisen oder Vertonungen aus. Anschließend diskutiert ihr die Vorschläge und entscheidet, ob der Text in den Präsentationskorb aufsteigt.

Papierkorb

Hier liegen alle Texte, die inhaltlich oder stilistisch große Mängel aufweisen bzw. nur Entwurfscharakter haben.

Tipp:

Lege ein Protokoll (oder einen Nachruf) für diese Texte an und notiere dort, aus welchen Gründen der Beitrag einem Poetry Slam nicht standhalten kann. Vielleicht übernimmt auch jemand anderes eine Patenschaft für den Text und arbeitet außerhalb des Poetry Slams an ihm weiter.

Einstimmung: ...

Beim Schreiben ist Entspannung wichtig. Am besten steigst du deshalb mit einer Fantasiereise in die Schreibwerkstatt ein.

» Entscheide dich für einen der Textanfänge.
Schreibe dann deinen Weg zur Sonneninsel bzw. ins Eisparadies weiter. Am Ende der Geschichte bist du an deinem Traumort, dein Gefühl: Zufriedenheit!

Eine Fantasiereise zu einem Ort der Entspannung

Mein Weg zur Sonneninsel

Der kalte Winter ist in meinen Ort eingezogen. Eisblumen schmücken die Fenster, das ist noch gemütlich, doch ich muss hinaus, um Besorgungen zu machen. Ich gehe auf die Straße und dort weht mir ein eisiger Wind ins Gesicht. Fröstelnd ziehe ich meine Schultern hoch und vergrabe meine Hände tief in den Taschen meines Mantels. Um mich herum sind Straßen und Menschen ins Dunkel gehüllt, keiner schaut auf. Plötzlich ■ ■ ■

Mein Weg ins Eisparadies

In meinem Zimmer staut sich die Hitze. Ich klebe an meinem Stuhl. Meine schlappe Hand greift zur Wasserflasche. Lauwarm läuft das Wasser in meinen Magen, ich durste immer noch nach einer Erfrischung. So schleppe ich mich in den Hausflur, öffne die Tür und trete in gleißendes Licht. Um mich herum flimmert die Luft, alles scheint still zu stehen, bis plötzlich ■ ■ ■

- Ihr könnt auch Gruppen bilden, in denen ihr während der Werkstatt zusammenarbeitet. Bilde mit den Personen eine Gruppe, die du an deinem Traumort haben möchtest.
  - Sprecht über Gemeinsamkeiten und Unterschiede eurer Assoziationen.
  - Lest euch eure Fantasiereisen gegenseitig vor. Einigt euch auf einen gemeinsamen Namen. Ihr könnt auch eine Skizze von eurer Insel bzw. eurem Paradies anfertigen und Entspannungsorte einzeichnen.
  - Schreibt eine eigene Fantasiereise, die durch eure Stadt führt.
  - Kehrt an diesen Entspannungsort zurück, wenn ihr sehr aufgeregt seid oder euch alleine fühlt!

- Überlege dir für die Arbeit in der Gruppe:
  - Welche drei Personen aus deiner Gruppe nimmst du auf die Sonneninsel/ins Eisparadies mit?
  - Welche Atmosphäre herrscht dort?
  - Wo genau fühlst du dich an diesem Ort am wohlsten?

Texte für die Bühne!

Die Slam-Poetin Nora-Eugenie Gomringer schreibt sowohl Lyrik als auch Slam-Poetry. Welcher Text für die Slam-Bühne gedacht und welcher „reine" Lyrik ist, lässt sich meist schnell erkennen.

— Nora-Eugenie Gomringer

Immerort (2002)

Wenn ich bleiben will
Muss einer vor mir gehen

Gegangen sein
Nicht nach nebenan
Nicht über die Straße
Für immer an einen Ort

— aus: Silbentrennung. Gedichte. Grupello: 2002, S. 17

— **Nora-Eugenie Gomringer** (Bamberg)

Du baust einen Tisch (2003)

Tisch unter den du dann Füße streckst
Tisch für den du Bretter über die Kreuzung trägst
Du baust für sie
und dich einen Tisch
einen Tisch für zwei unter den sich
vier Füße strecken können
einen Tisch an dem du sitzt mit ihr
ich habe dich Bretter über eine Kreuzung tragen sehen
Bretter für einen Tisch
den du baust mit ihr
für ihre Füße zum Darunterstrecken
Tisch für vier Ellbogen
vier Füße
vier Unterarme
zwei Töpfe
Einen Tisch für euch zwei
Für den schleppst du Bretter über eine Kreuzung
an der ich stehe mit meinem Auto
einen Tisch baust du
Tisch für sie und Tisch für dich
einen Scheißtisch für euch zwei
unter den ihr eure Füße streckt
entgegenstreckt
euch entgegenstreckt
Tisch unter und an dem alles gesagt ist
so einen Tisch einen Tisch für zwei
für den Bretter über eine Kreuzung geschleppt werden
an mir vorbei
baust du einen Tisch
unter dem ich jedem auf die Zehen trete
einen Tisch an dem ich kein Gespräch mehr bin
so einen Tisch baust du für sie
so lange sie ihre Füße unter ihn streckt
isst sie,

Texte für die Bühne!

was du auf den Tisch bringst
den du baust
dessen Bretter du schleppst
an mir vorbei
im Scheinwerfer
gingst du vorbei mit Brettern für einen Tisch
ich dachte
du bautest einen für...

— bislang unveröffentlichter Text von Nora-Eugenie Gomringer, Oktober 2003

Wenn Nora-Eugenie Gomringer ihren Text auf der Bühne performt, passiert Folgendes: *„Wenn ich das „für“ am Textende dehne und sehnsüchtig lese, ergänzen immer ein, zwei Leute im Publikum laut: „mich“. Das ist dann ein spannender und sehr „vereinigender“ Moment.“*

„Ich habe generell eine „duale Produktion“. Als Slam Poetry bezeichne ich Texte, die sich wortlastig mit meist einem Thema auseinandersetzen, dabei aber kurz und gebündelt scheinen. Die Texte sind stark assoziativ und springen ständig von einem Zustand in den nächsten und sie bedürfen eines ebenso „sprunghaften“ Vortrages, der bei mir oft sehr schnell und zu konzentriert gerät.“

— Nora-Eugenie Gomringer
in einer E-Mail an die Autorin

„Du baust einen Tisch“

- Nora-Eugenie Gomringer performt diesen Text recht aggressiv und wütend. Probiere mal eine andere Stimmung aus!
- Was denkt eigentlich der Typ mit den Brettern, wenn er das Auto seiner Ex sieht?

„Immerort“

- „Immerort“ – wie kommt Nora-Eugenie Gomringer auf diesen Titel?
- Der Text ist ziemlich kurz – vieles steht zwischen den Zeilen. Verlängere den Text, indem du konkrete Situationen einbaust!

Nora-Eugenie Gomringer, geboren 1980, lebt nach zahlreichen Auslandsaufenthalten seit 1995 in Bamberg, und studiert an der dortigen Universität seit 2000 Anglistik und Germanistik. Ihr erster Gedichtband, den die damals 19-jährige bereits zu Schulzeiten veröffentlichte, wurde in Bamberg schnell zum Geheimtipp. Im April 2002 ist im Grupello-Verlag ihr zweiter Lyrikband „Silbentrennung“ erschienen. Außerdem arbeitet sie an verschiedenen kulturellen Projekten in und um Bamberg mit: Sie ist Slammasterin der Bamberger Poetry Slam Veranstaltungen, spielt Theater, rezitiert und vieles mehr.

Stilmittel der ...

„Ich weiß nicht genau, ob es eine Slam Poetry gibt, aber es gibt natürlich eine bestimmte Form von Poetry, die sich auf Slams sehr gut durchsetzen kann. (...) Es ist einfach eine Poesie, die auf den Punkt kommt, die auch einen gewissen Pop-Song-Charakter hat, nicht nur durch die Länge des Tracks oder des Titels, sondern eben auch durch Rhythmisierung, durch Wiederholungen, Eingängigkeit."

— **Rap-Poet Bas Böttcher**

Alliteration oder Stabreim

Wenn viele Wörter mit demselben Buchstaben anfangen, hat das zwei Vorteile: Dein Text erhält eine besondere klangliche Note und du kannst Wichtiges hervorheben. Den Stabreim kannten bereits die Germanen, die ihre Texte ebenfalls mündlich vortrugen und diese Technik als Gedächtnishilfe benutzten.
Ein Extrembeispiel bietet der Slammer **Alex Dreppeç**, der ganze Texte mit jeweils demselben Anfangsbuchstaben gestaltet *(siehe S. 67)*.

Assonanz

Darunter versteht man häufig wiederholte Vokale oder Doppelvokale innerhalb eines Textes. Mit den Vokalreihen erreichst du ein ansprechendes Klangbild und kannst beim Vortrag den Text automatisch flüssiger sprechen. **Beispiel:**
„Wir sind verreist in die vereiste weiße Weite ..." *(siehe S. 84)*

Dialoge aus dem Alltag

Erfinde Dialoge oder schreibe Gesprächsfetzen aus deinem Alltag auf. Sie wirken innerhalb eines Textes meist theatralisch und können mit unterschiedlichen Stimmlagen vorgetragen werden. Das erhöht den Unterhaltungswert für das Publikum. Der Text „Dichter Krieg" von **Yazmeen Acikgöz** besteht z.B. zu großen Teilen aus Dialogen *(siehe S. 90)*.

Reime

Eines der wichtigsten Stilmittel in der Poesie ist der Reim.
Es gibt verschiedene Arten von Reimen. Hier einige Beispiele:

Silbenreim

Hier wird das Reimwort vom letzten betonten Vokal an beibehalten und nur der vorausgehende Konsonant variiert. Dabei unterscheidet man drei verschiedene Reimtypen:
Einsilbig = männlich, z.B. Wut – Mut
Zweisilbig = weiblich, z.B. Bilder – wilder
Dreisilbig = gleitend, z.B. stehenden – gehenden
Gespaltene Reime sind Zweisilber mit zwei Wörtern,
z.B. du kennst es – du nennst es

Mehrfachreime

Mehrfachreime, die in traditioneller Dichtung oft zur komischen Wirkung eingesetzt werden, sind in der Rap-Poetry beliebt: Je mehr Silben sich in einem Wortpaar reimen, desto stärker ist dein style. Dein Text wirkt elegant, wenn du mindestens 3 Silben reimst, **z.B. Taschentuch/Flaschenzug.**

Binnenreim

Beim Binnenreim reimen sich Wörter innnerhalb einer Verszeile,
z.B. du schnieftest und schliefst dann.

Reimketten

Du kannst auch Reimketten bilden, bei denen sich mehrere Wörter reimen, **z.B. sich mit Kollegen anlegen/und Gangster-Images pflegen.**

Personifikation

Wenn du Dinge vermenschlichst, wirkt das meist witzig. Denke z.B. an den karrieresüchtigen Badeanzug aus Felix Bonkes Text (S. 67). Du kannst auch Erscheinungen aus der Natur (Mond, Sonne) personifizieren.

Damit wird dein Text lebendig und der Zuhörer kann sich gut hineinversetzen.

Lautpoesie

Ein Sprachlaut ist die kleinste poetisch wirksame Einheit unserer Sprache. Laute können harmonisch oder kontrastierend eingesetzt werden. Die Bedeutung der Worte wird dann immer unwichtiger, entscheidend sind Klang und Rhythmus.
Die Lautpoesie spielte vor allem in der literarischen Strömung des Dadaismus am Anfang des 20. Jahrhunderts eine wichtige Rolle. Die Vertreter des Dadaismus (1916–1924) wollten mit ihren Klangkunstwerken mit überkommenen ästhetische Konventionen brechen.
Hier ein Beispiel:

Seepferdchen und Flugfische

Tressli bessli nebogen leila
Flusch kata
ballubasch
zack hitti zopp

zack hitti zopp
hitti betzli betzli
prusch kata
ballubasch
fasch kitti bimm

zitti kitillabi billabi billabi
zikko di zakkobam
fisch kitti bisch

bumbalo bumbalo bumbalo bumbalo
zitti kitillabi
zack hitti zopp

treßli beßli nebogen grügrü
blaulala violabimini bisch
violabimini bimini bimini
fusch kata
ballubasch
zick hiti zopp

— in: Hugo Ball: Texte, Manifeste, Dokumente. Reclam, S. 67

- Trage den Dada-Text mal ernst, mal romantisch, mal wütend vor!
- Erkennst du an den Lautfolgen die Seepferdchen und die Flugfische?
- Welche Unterschiede bestehen zwischen Bas Böttchers Rap Poetry und dem dadaistischen Text?

Klang-Tricks der Rap Poetry

Lautfolgen mit Charakter

Welche Wirkung haben auf dich Wörter mit **kn**, welche mit **fl**? Bildet eigene Lautfolgen nach diesem Muster:
knutschen, knausern, knien, knautschen, knuddeln, knebeln ...
Flieder, Flavour, flanieren, fliegen, flauschig, Flegel ...

Klang-Vielfalt

Neben den Klang-Tricks wie Alliteration und Reim machen auch diese Stilmittel deine Texte klangvoll, abwechslungsreich und überraschend:

- **Chiasmus** (Kreuzstrukturen): Die Stimmung steigt/ stimmt die Steigung
- **Parallelismus:** Ich achte die Achtung/ich ächte die Ächtung
- **Vokalwechsel:** Wo das Wort was wert wird
- **Ähnliche Klänge:** Jesus, User, Newsgroups

Texten mit Rap-Musik

Rap hat den typischen 4/4-Takt. Überlege dir beim Texten, welche Silbe auf welchem Schlag (Count) liegen soll. Am besten klingt es, wenn die betonte Silbe eines Wortes direkt auf einem der betonten Schläge im Beat liegt – also auf dem 2. oder 4. Zähl den Beat an deiner Hand ab oder passe den Takt an dein Schritttempo an! Vorsicht: Ein durchlaufender gleicher Rhythmus braucht Abwechslung.

Inhalt und Klang

Nimm ein großes Blatt Papier und notiere ein Thema als Titel!
Inhaltliches Brainstorming: Schreibe alle Begriffe auf, die dir zu diesem Thema einfallen. (Liebe: Brief, Kuss, Schwärmen, Flirt, Sex, etc.)
Klangliches Brainstorming: Notiere jetzt zu deinen Begriffen alle klangähnlichen Wörter. (Schwärmen: wärmen, lärmen, schwirren, Schwur, Schulschwänzer etc.)

❞ Arbeiten wie die Profis: Besorge dir ein Reimlexikon oder eine Duden-CD! Suchst du viele Wörter mit „au"-Klang? Dann gib in die Duden-CD *au* ein! Du erhältst sofort viele Ergebnisse (lausig, knauserig, Maus, etc.).

Balladen

Eine Ballade ist eine Versdichtung mit erzählendem Grundcharakter. Einige Volksballaden sind eher episch-erzählend, andere eher dramatisch-dialogisch.
So macht z.B. Goethe in seinem „Erlkönig“ vom Dialog Gebrauch, um die Handlung authentisch wirken zu lassen. Schiller orientierte sich dagegen weniger am Volkston, sondern erzählt in Balladen wie „Der Handschuh“ eine moralisierende Geschichte.

Die traditionelle Form der Balladendichtung kannst du auch für aktuelle Inhalte nutzen. In einer Ballade erzählst du eine Geschichte, die sich im Verlauf steigert. Die einzelnen Zeilen können sich am Ende reimen. Balladen sind eingängig und unterhaltend, d.h. du erreichst das Publikum schnell.

— **Wehwalt Koslovsky**

Tief im Herzen

gestern war's – so glaube ich,
obschon, so recht erinnre ich
mich nicht,
ob's denn auch wirklich gestern
war.
um ganz genau zu sein:
wann's eigentlich gewesen ist,
dass kann ich gar nicht mehr
so sagen –
ich weiß noch, dass die sonne
schien
& mir platzte der kragen,
wovon ich hier erzählen will.

vom einkauf zu hause angelangt,
ich steh schon in der Türe,
da kommt mein hauswirt
angerannt,
mit rotem kopf, & fragt,
was ich im schilde führe:
„ewig fremde weiber im haus –
& auch noch neger – &
japanerinnen!“ –
und schiebt sogleich noch
hinterher,
dass er in seinem haus,
an seinem herde
solch unzüchtiges treiben
nicht mehr länger dulden werde.

irgendetwas hier schien
nicht zu stimmen!
ich war erschrocken:
neger & japanerinnen –
nun, was haben die ihm wohl
getan?
ja, was könnte das wohl sein? –
doch noch bevor ich ihn das
fragen konnt,

schlug schon die nächste
bombe ein:
„es ist wohl an der zeit,
die liebe zu begraben, ja!
dort, wo sie keiner wiederfindet:
tief im herzen, pahaha!“

so, so, na dann,
dacht ich & tat,
als hätt von alledem ich nichts
gehört,
doch wirkt ich ob der worte
meines hauswirts
tief im herzen leicht verstört,
was ihm auch nicht verborgen
blieb,
denn schon folgte sein
nächster hieb:
mit seinem schweineblick
bohrte er nach,
dass tief im herzen
mir die liebe fast zerbrach
und hinter mir,
ganz ohne krach,
die tür sich schloss.

oh, dies gezeter!
tief im herzen, –
wo auch sonst –
da blieb's mir stecken.
ich konnt's nicht fassen,
nein, nicht ums verrecken:
dieser fette alte
schweineknochen!
wie konnt er's wagen,
längst gebrochen von der zeit,
so etwas zu mir zu sagen –
definitiv, das ging zu weit!

doch kaum kam ich zurück
zur tür,
holt noch luft,
um loszusprechen,
da ging's gleich weiter
mit dem bitterbösen,
schweineknochigen erbrechen:
„Du schäbig' kleiner
possenreißer,
Komm nur her!
Mit reiner hand werd ich dir's
herz zerreißen,
werf ich's den hunden vor,
dass sie's zerbeißen –
dass du die liebe findest
nimmermehr!“

„Mit reiner hand,
mein lieber mann?“
fragt ich ihn leicht erregt und
etwas zynisch,
sie meinen wohl:
in unschuld stets gewaschen! –
oder war's dann doch mehr rein
im sinn von ‚klinisch‘? –
was mich so arg verwundern
würd,
mein lieber hauswirt, aber sehr,
wenn's hier in ihrem
schweinepuffe
mit der Reinheit klinisch wär!

das, was nun folgte,
war im engeren sinne nicht
mehr schön.
doch will – der vollständigkeit
halber –
den Schluss an dieser Stelle

keineswegs ich übergehn,
Ich sag's nur schon einmal
vorab:
es ward des hauswirts
letzter tag.

die sache mit dem
schweinepuff,
das war zuviel für unsern
guten mann,
denn der setzt nun
gar schlagkräftig zur endsieg-
offensive an
und drückt die faust mir ins
gesicht,
dass es noch lang danach
mich tief im herzen
böse sticht.

aus meiner nase tropfte blut.
Ich leckte es lüstern, voller wut,
rannt in die küche, griff ein
messer,
rannt zurück
und tat's dann – ganz der mann –
wie er zuvor –
bloß ein bisschen besser,
bloß ein bisschen gründlicher,
und siehe da:
Der schweineknochen grunzt
nicht mehr!

heut ist mein hauswirt also tot,
die liebe wieder frei von not,
das böse gottgefällig unterlegen.
ich sitz im park,
die sonne scheint,
und tief im herzen,
wo erinnerung vor vergessen
weint, ja,
tief im herzen
ist der regen.

— Wehwalt Koslovsky: Tief im Herzen, in: Bylanzky, Ko/Patzak, Rayl: Poetry Slam. Was die Mikrofone halten, Ariel Verlag 2000, S. 129–132

Balladen

- Zeichne zu Koslovskys Ballade eine Spannungskurve, um Steigerungen in der Handlung nachzuweisen.
- Wo baut Koslovsky Brüche in die Handlung ein?
- Welche Bedeutung haben die Dialoge für den Gang der Handlung?
- Und wann ist dir das letzte Mal der Kragen geplatzt?

Tipp zum Weiterlesen und -hören:
Wehwalt Koslovsky: Slämmology. Verlag Der gesunde Menschenversand, 2001. ISBN 3-9521517-3-4, Audio-CD

Ode

Eine Ode erkennt man u.a. daran, dass sie eine feierliche Stimmung hat und der Dichter einen Adressaten anredet, z.B. eine Person, ein Tier, einen Fluss, eine Naturkraft oder einen abstrakten Wert.

— **Wehwalt Koslovsky**

Ode an die Hirnhode

WENN im dichten licht bei garbsen pflichtbewusst die parzen
quarzen und am schwarzen meer ein wicht mit warzen im
gesicht und harzen zum begehr einst schwergewichtiger
legionär mit federn teer und schießgewehr heut recht legerer
volontär als millionär und von jeher bloß peripher spricht nicht
so sehr für den verzehr von camembert oh yeah oh yeah oh yeah
wenn also dieser wicht mit warzen im gesicht und harzen zum
begehr verzweifelt schlicht nach seiner schicht am schwarzen
meer noch vor dem preißelbeerdessert als visionär doch sinnes-
schwer wie lizifer und yogibär kinn am revers nen speer
zerbricht und hinterher ins handy spricht zu einem dandy
namens shandy aus dem shandydandylandy mit dem motto
ars vivendi ich efendi ich efendi und diesem dandy namens
shandy aus dem shandydandylandy dann am handy von der
wendy was erzählt die ihrerseits krass blass und nass im schritt
mit hass auf spaß morgens um drei nicht sorgenfrei nebst
zwei glas brandy und nem koffer voller candy auf nem atoll
voll trendy fast besoffen und im herzen oll getroffen offen
durch die gegend fährt und dabei wie ein proll ganz ohne
groll die gläser leert weil sei den shandy doll begehrt doch
der wenngleich er soll der troll sich niemals nie nach ihr ver-
zehrt DANN dreht die welt sich wohl verkehrt DANN wird nem
ge das dicht verwehrt und das ist schlicht bedauernswert …

DOCH wenn die katzen statt zu kratzen satt auf samtmatratzen
ratzen und auf ihren tatzen spatzen sitzen jazzen und die
maus stibitzen dazu vom hudson river schwatzen und hinter
ihren fratzen schwitzen bis unterm schopf die glatzen blitzen

im kopf gemüter sich erhitzen weil aus den spitzen katzen-
zitzenschlitzen ganz plötzlich wortskizzen wie fetzen spritzen
und leicht südöstlich pizzaschlitzerfritzen ritzen in die pizzen
schlitzen DANN wird ein traum zur poesie das ist des dichters
parusie ojemine das gabs noch nie DANN heiß ich
wehwalt koslovsky

— Wehwalt Koslovsky: Ode an die Hirnhode, in: Bylanzky, Ko/Patzak, Rayl: Planet Slam, yedermann 2002, S. 22

Ode

- Entspricht die „Ode an die Hirnhode" von Wehwalt Koslovsky noch der klassischen Definition der Ode?
- Wo setzt Felix Bonke in seinem Text „Sommerschlussverkauf aus der Sicht eines Damenbadeanzuges, Größe S" *(siehe Seite 67)* die Stilmittel der Ode ein?

Hymne

Die Hymne, ebenso feierlich wie die Ode, unterscheidet sich von dieser durch schnelleres Tempo und stärkere Eindringlichkeit. Sie hat oft einen betörenden Ton und fesselt damit die Zuhörerschaft.

— **Timo Brunke**

Hymne auf den Abwasch

Tauchet Zuber tauchet!
Jegliches Gefäß
Gerätschaften alle
Diener von Essen und Trinken
Fahret nieder
In die Wannen
Glänzenden Chromes
Blinkender Spüle!
Wäre auch nur
Eines der Dinge hier
Das wollte Werkzeug sein
Ohne Säuberung zuvor?!
Du, Geschirr
Starrend im Schmutz,
Teller ihr,
Schlierig verklebt
Gläser Rührbesen
Sieb und Brett und Quirl
Du, Besteck
Krümelbehaftetes
An den Zähnen der Messer
Den Zinken der Gabeln
Der Harkigen!
Ihr Schüsseln, irden
Und lackierte ihr und Gläserne
Platten Tiegel Töpfe
Es pranget
Wem ihr Herberg gegeben
Ein Rest schlunziger Schlacke
In euch!

Von den Nibelungen –
Sie residierten
Zu Worms an dem Rheine
In sagenhaftester Zeit –
Laßt mich singen nun,
Gewähret mir
Weitausholende
Längliche Leier:

Siegfried, Siegmunds Sproß
Hinterrücks ward durchbohrt er
Dort an der Quelle
Durch den finsteren
Hagen von Tronje.
Hatte dieser doch
Besticken sich lassen
Siegfriedes Jagdrock
Mit dem fatalen
Speermordkreuzlein –
Kriemhild, Siegfrieds Gemahl
Hatte den Zwirn
Eigens geführt
Durch das Leder
Mit sorgender Hand,
Dort, wo dem Gatten
Hatte gehaftet
Einst der Linde Blatt
Als er sich badet
In des Drachen Blut –
Hagen da sandte der Speer
Siegfried den Eichbaum zu fälln –
Es verröchelt der Held
Dunkler Weissagung gemäß.

Aber der Schatz
Welcher war
Siegfried zu Eigen
Der Nibelungen Hort: –
Hagen zur Nachtzeit
Senkt er ihn
Hinab in den Rheinstrom,
Vom Golde zu spülen das Blut –
Heute noch

Schlummert er dort
Verborgen am Grunde.

Der den Abwasch nun
So einst begründet –
Hagen am Rheine –
Er führet seitdem
Schätze zu säubern
Scharweise
Häusliche Hände!
Dies aber ist mir der liebste
Vorsatz von allen:
Abspülend zu versetzen
Einen Berg –
Es geschehe!

Ein biegeharter
Noppen als Stöpsel
Verschließt ganz zunächst
Der Charybdis höllischen Sog
Den schlürfenden Abfluss.
Darauf öffnen mit Getösel
Sich des schlanken
  Wasserhahnes
Schwanenhalsschleusen –
Klar ergießt sich
Künstlicher Regen
In das blinkende Becken –
Ihm zur Seite tröpfelt sich
Bruder Spülmittel hinzu
Ambrosisch reinigend:
Da brodelt es
Und schäumt es auf
Und nun naht
Gewaltig-herakleische
Taten vollbringend
Spüllumpen eilig!
Und noch während
Wasserhahn plätschert
Läuft der Tassen Erste
Auf Grund.

Winzig peitschen
Aufspeichelnde Seifenwogen:
Überlappender Erduldung
Windet sich darin umarmt
Mancher Sohn des Küchen-
  buffets –
Unter reibender Gewalt
Löst sich was Schmutz heisst!
Rot wie Blut
Färbt sich die Woge
Von verklappter Tomatensoße
Und es tummeln sich von Reis
Über Nudeln hin zu Erbsen
Abgesunkener Brocken
Wacker-feste Teilchen. –

Eingeweichten Topfgeschirrs
Bratenfettige Tunke:
Schlingertest eben du
Perlglitzernd von Öl
In den Behältern –
Jetzo zerbrichst du
Der Beckenwoge
Wattige Kronen
Schwerest den Abwasch
Schlierest seifigen Seim
Mordest der Blasen Plüsch! –
Todschwarze Kruste!
Kind unerfahrenster Kochkunst!
Weichest du nicht?
Wehrest der Reibe?!
Haftest zum Trutze? –
Scheuerbürste herbei!
Weise den Schorf
In seine Schranken!

Doch ungeachtet allen
  Kämpfens:
Wächst zur Seit er ragender
Stück um Stück empor –
Aus den Fluten
Der Berg:
Hellglänzendes Geschirrgebirge
Deinen Gipfel setze
Dieses Porzellan!
Meiner rauhen aufgeweichten
Tätig beglückten
Hände eine
Ziehe den Stöpsel –
Da schnorchelt der Abfluss!
Schmatzend verschlürfet
Die braungräuliche Brühwog.
Vertrocknet – das Meer
Die Charybde – verstummt
Doch wie lacht mir das Auge
Seh ich zur Seitze hin
Wo überm Gläsergebürg
Schaumtauwetterfeucht
Chromargan-massiv
Mit porzellanenen Firnen
Spiegelhell er erstrahlt
In alpenfunkelnden Blitzen
Der Spülberg in seinem Glanz!

— Timo Brunke: Hymne auf den Abwasch. In: Erpichte Gedichte. Verlag Reiner Brauer 2000

Hymne

- Schlagt die Bedeutung des Wortes „Hymne“ im Wörterbuch oder Lexikon nach. Warum bezeichnet Timo Brunke seinen Text als Hymne?
- Fällt dir eine alltägliche Handlung ein, auf die du eine Hymne schreiben kannst?

Stimmungen ...

— **Lydia Daher** (Augsburg)

Negativfilm (2003)

Ich bin gerade erst aufgestanden
und hab dann ziemlich bald verstanden, dass der Tag nichts bringen wird,
nur das übliche Ringen um ein bisschen Außergewöhnlichkeit.
Das Ringen mit der Langeweile, das Ringen mit den Alltagsdingen,
nein, der Tag wird wieder mal nichts bringen.

Er steht so unklar vor mir ...
Er steht so verdammt unklar vor mir, wie ein Bild der jungen Sonntagsmaler
und noch fahler als der Strahler meines alten Hollanddamenrads.

Was mache ich nur mit diesem Tag?

Mir kommt da eine Idee:
Ich wähle einfach alle Nummern ohne Namen, die ich finden kann und leg schnell auf.
Ich zähle die Lustlöcher in meinem Raum, die ich selbst konstruierte.
Ich denke nach über meinen letzten wirren Traum, den ich inszenierte
Ich höre Hip Hop Sound und schüttel den Kopf.
Ich schüttel den Kopf über diese Welt.
Ich schüttel den Kopf und frag mich, wo mein Held geblieben ist,
ich frag mich, wo mein Geld geblieben ist,

Wann kriege ich endlich meine Payback Karte
mit einem Bonus für die Zeit, die ich nun darauf warte,
dass ich mit einem Text in den Dichterhimmel starte?
Es verging zu viel Zeit, die ich im Stillstand verharrte,
weil ich mich mit miesen Musen paarte ...

Ich weiß, ich seh meinen faden Film zu negativ und mecker,
ich bring ihn echt mal zum Entwickeln, um die Ecke, dort zum Schlecker
und wenn ich schon mal da bin, hol ich mir gleich auch Salbei-lecker
für meine laschen Lungenflügel

und vielleicht treff ich bei der Rennerei ja meinen healer
den Buchstabendealer aus der Sesamstraße,
ich sag dann: „Hi, hör zu, ich würd gern ein „a“ haben, ich bezahl mit nem „u“!“

und schon hab ich die Lungenflügel in einen langen Flügel eingetauscht
und dann fly fly fly ... ich und bin frei
und endlich raus aus diesem Zimmer und den Straßen, all den altbekannten Städten,
nicht, dass die mir nie was geboten hätten,
aber jetzt ist so langsam Ausverkauf, das fühl ich,
denn steck ich meine Hände in den Wühltisch des Lebens,
zieh ich nur noch Ramsch und Mief rauf
Mann, bin ich heute mies drauf.

Ich glaub ich bring meinen faden Film mal zum Entwickeln
und kreuz dann glänzend, nicht matt an.
Ich mach aus negativ ganz positiv,
aus negativ ganz glänzend positiv.

Schreibübung:

- Nimm den Negativfilm unter die Lupe: Welche Ausdrücke erzeugen die miese Stimmung?
- Ersetze sie durch glänzende Positive und entwickle einen Farbfilm!

Tipp: Dein Slam-Buch kannst du mit alltäglichen Stimmungsbildern füllen!

Bausatz: ...

Schon seit einiger Zeit finden immer mehr englische Begriffe Eingang in die deutsche Sprache. Der Verein für Deutsche Sprache e.V. kritisiert diese zunehmende Bedeutung der Anglizismen im Deutschen, das so genannte „Denglish".

Warenkorb

ansurfen
anturnen
consulting
couch potato
preview
event
happening
finger food
freelancer
gepixelt
key position
key word
geshiftet
global village
coffee to go
cracker
Hacker
crash
crash-kids

Weitere Beispiele für Anglizismen findet ihr unter: **wwwanglizismenindex.de**

Lese- und Hörtipps:

- **Gayle Tufts: Absolutely Unterwegs – Eine Amerikanerin in Berlin. Ullstein TB 1998.**
- **Gayle Tufts, Rainer Bielfeldt: Two Worlds. Audio CD.**

Gayle Tufts ist Deutschlands erste Denglish-Allround Entertainerin. Sie ist Sängerin, Texterin, Schauspielerin, Autorin und Kabarettistin und lebt seit 1991 in Berlin. Seitdem sie ist bereits in vielen deutschen TV-Shows aufgetreten, hat diverse eigene Bühnenshows produziert und mehrere CDs veröffentlicht. Ihr erstes Buch „Absolutely Unterwegs – Eine Amerikanerin in Berlin" erschien 1998.

- Comedy-Poet gesucht: Kann jemand Gayle Tufts imitieren? Beispiele für ihren Sprachstil findest du auf ihrer Webseite: www.gayle-tufts.de

Schreibübung

- Welche Anglizismen laufen dir im Alltag über den Weg?
- Schau nach, wie Lydia Daher mit englischen Ausdrücken in ihrem „Negativfilm" spielt!
- Im Warenkorb findest du Material für deinen Denglish-Text!

Bausatz: ...

Die ehemalige DDR hatte ihre eigene (Umgangs-)Sprache.
Hier findest du einige Beispiele für diesen „Slang“:

abkindern – Sex zwecks Schuldentilgung: Schulden des Ehekredits wurden den werdenden Elternteilen erlassen

An & Ver (A&V) – Second-Hand-Laden (An- und Verkauf)

Arbeiterschließfach – Neubauwohnung

Betriebskampfgruppe – Wachschutz, bestehend aus volkseigenen Betrieben von Hobby-Kalaschnikow-Schützen

Broiler – Brathähnchen; eines der wenigen aus dem Englischen übernommenen Wörter

Brettsegeln – Surfen

Datsche – Wochenendhäuschen

Dauerbackwaren – eingeschweißter Kuchen oder Kekse

Delikat-Laden (Deli) – Lebensmittelgeschäft, in dem vornehmlich Waren aus dem nicht-sozialistischen Währungssystem für Ostgeld angeboten wurden

Exquisit-Laden (Ex) – etwas teueres Bekleidungsgeschäft, womit der zu große Geldumlauf in der DDR abgeschöpft werden sollte

Feierabendheim – Seniorenheim

Flebben – Lappen, also die Fahrerlaubnis in der Umgangssprache

Getränkestützpunkt – Getränke-Shop

Grilletta – Hamburger, gegrillter Fleischklops

hinterschlucken – runterschlucken

Horch & Guck – die Stasi (Staatssicherheit)

Intershop – Laden, in dem man mit Westgeld Waren aus dem Westen kaufen konnte

Klappfix – Zelt, das auf einen PKW-Anhänger montiert ist

MMM (Messe der Meister von Morgen) – „Jugend forscht“

Mondos – Synonym für Kondome

Nicki – ist zwar auch in manchen Gegenden des Westens bekannt, aber der Ossi versteht darunter ein einfaches T-Shirt

Niethosen – Jeans

Puffmais – Popcorn

Römerlatschen – heiß begehrte, leichte Sandalen

Rotlichtbestrahlung – Schulungsabend der Partei

Sättigungsbeilage – Kartoffeln, Reis, Pommes etc.

Stempel (beim Autofahren) – wie ein Punkt in Flensburg, nur dass schon bei Nummer 6 Schluss war mit der Raserei

Tal der Ahnungslosen – Gegend der DDR, in der kein Westfernsehen zu empfangen war

umrubeln – Geld tauschen, ummünzen

urst – super, z. B.: „Das fetzt urst!“

Wehrlager – eine Art Ferienlager, in dem man sein Goldenes Schießabzeichen mit einer Kalaschnikow machen konnte

Weiße Maus – weiß bemützter Verkehrspolizist

Winkelement – A5-Papierfähnchen

Zirkel – hiermit ist nicht der mathematische Zeichenzirkel gemeint, sondern eine Gruppe Junger Pioniere, die sich unter einem bestimmten Thema trifft (Arbeitsgemeinschaft)

„ Wie wär's: Ein Text über das „Tal der Ahnungslosen“? Oder schreibst du lieber über einen Tag in der „Datsche“?

Die Slam-Poetinnen Fiva, Xochil A. Schütz und Lydia Daher sprechen in ihren Texten von ganz unterschiedlichen Beziehungen und Liebesidealen *(S. 95 ff.)*. Wie passen die Texte zu den folgenden Formen der Liebe, die der Jugendforscher Barthelmes im Auftrag des Deutschen Jugendforschungsinstitutes definiert hat?

Formen der Liebe

Die leidenschaftliche Liebe

Sie beherrscht alles in Leben und Alltag des Partners und ist ausschließlich als Beziehung von Liebe und sexueller Bindung zu bezeichnen. Entscheidend ist das Getriebensein durch Wünsche und Begehrlichkeiten. Sie gerät insofern in Konflikt, als sie sich total von den Routinen und Realitäten des alltäglichen Lebens abhebt.

Die romantische Liebe

Diese Form der Liebe ist eine Verknüpfung von Liebe, Freiheit und Selbstverwirklichung. Sie passiert auf den „ersten Blick" und die Partner ziehen sich auf „geheimnisvolle und unbewusste Weise" an und binden sich aneinander. Das romantische Liebespaar beabsichtigt, längerfristig zusammenzubleiben. Der Geliebte, die Geliebte wird idealisiert und es wird erwartet, dass das eigene Leben vom Partner aufgewertet wird.

Die fixierte Beziehung

Das Konzept der fixierten Beziehung ist vor allem gefärbt durch Abhängigkeit und es wird primär Sicherheit erwartet. Im Alltag herrschen Gewohnheiten und Routinen vor und von den Partnern wird eine strikte Rollenteilung vorausgesetzt. Die Gefahr dieser Art von Beziehung liegt für die Partner in einem zerstörerischen Potenzial von zahlreichen latenten Streitanlässen, deren Austragung aber „der Sicherheit halber" oftmals eher vermieden wird.

Die reine Beziehung

Die reine Beziehung ist eine soziale Situation, die die Partner nur um ihrer selbst willen eingehen. Man setzt die Partnerschaft nur so lange fort, als sich beide Parteien wohlfühlen. Sie ist das Modell der Zukunft, da es zur Demokratisierung des persönlichen Lebens beiträgt und Strukturen der persönlichen Autonomie fördert. Das Motto ist: Sein eigenes Leben zu leben.

— aus: Dr. Jürgen Barthelmes (Deutsches Jugendforschungsinstitut), Vortrag: Der unerlöste Eros, oder die Tränen der Erkenntnis – Konzepte und Dramaturgien von Paarbeziehungen. In: Infodienst „beziehungsweise", Heft 17, 1995

Schreibübung

- „Liebesformen" – ist das ein Ideal oder hast du so was schon mal selbst erlebt? Erzähle davon, z.B. in einem Gedicht oder einem inneren Monolog!

Kritik als Beat ...

Allen Ginsbergs seitenlanges Gedicht „Howl" (Geheul) ist der berühmteste Text der Beat-Literatur. Es löste 1956 wegen vermeintlicher „Obszönität" einen Skandal aus. Der exzessive, anarchische Künstler beschreibt einen Horrortrip durch den Moloch Amerika, klagt die Welt des Kapitalismus an und solidarisiert sich mit den Ausgestoßenen der Gesellschaft. Seine „emotionale Zeitbombe" ist rebellisch, ruft jedoch nicht zur Verweigerungshaltung auf, sondern deckt auf und fordert Solidarität.

Das Geheul

Ich sah die besten Köpfe meiner Generation zerstört vom
  Wahnsinn, ausgemergelt, hysterisch nackt,
wie sie im Morgengrauen sich durch die Negerstraßen schleppten
  auf der Suche nach einer wütenden Spritze,
Hipster mit Engelsköpfen, süchtig nach dem alten himmlischen
  Kontakt zum Sterndynamo in der Maschinerie der Nacht,
die armselig und abgerissen und hohläugig und high wach hockten
  und rauchten im übernatürlichen
Dunkel von Altbauwohnungen, in Jazz-Meditationen schwebend über
  dem Häusermeer der Städte
(...)
die in unrasierten Buden kauerten im Unterzeug, ihr Geld in
  Papierkörben verbrannten, mit dem Terror von nebenan im Ohr,
(...)
die Fakten und Erinnerungen und Anekdoten und visuelle Kicks
  und Schocks aus Hospitälern und Zuchthäusern und Kriegen
  herunterrasselten hinausbrüllten auskotzten flüsterten,
(...)
Welche Sphinx aus Zement und Aluminium schlug ihnen die Schädel
  auf und fraß ihnen das Hirn und die Phantasie heraus?
Moloch! Einsamkeit! Dreck! Häßlichkeit! Mülleimer und unerschwing-
  liche Dollars! Angstschreie von Kindern unter den Treppen!
(...)
Moloch, dessen Liebe ein Meer von Öl und Stein ist! Moloch, dessen
  Seele Elektrizität und Banken sind! Moloch, dessen Armut das

... in deinem Text!

— Der „Moloch“, das menschenverschlingende Ungeheuer. Athanasius Kircher, Oedipus Aegypticus, Rom 1652

Phantom des Genies ist! Moloch, dessen Schicksal eine Wolke von geschlechtslosem Wasserstoff ist! Moloch, dessen Name der Geist ist!

(...)

Moloch! Moloch! Roboter-Apartments! unsichtbare Vorstädte! Skelette in den Tresoren! blinde Hauptstädte! dämonische Industrien! gespenstische Nationen! unbesiegbare Irrenhäuser! Schwärme aus Granit! Monströse Bomben!

(...)

— aus: Allen Ginsberg: Howl-Geheul. Edition Michael Kellner 1998

- Geballte Kritik als Beat – worum geht es in diesem Text eigentlich genau?
- Schreibe das Gedicht um ein paar Strophen weiter. Trage es in der Gruppe vor und vergleiche dein Ergebnis mit denen der anderen.
- Kritik kann auch der Beat in deinen Texten sein: Beantworte die Fragen im Gitternetz, dann hat dein Text schon eine Struktur!

Was siehst du auf der Straße?	Welche Gefühle hast du als Beobachter?	Wer ist deiner Meinung nach schuld an den Verhältnissen?	Welche konkreten Veränderungen wünschst du dir?	Wie sieht deine Umwelt aus, wenn deine Vorschläge realisiert sind?

Schnell, schneller ...

Die *Club Dichter* der Gruppe *Sellafly* sind Actionwriter.
Was das genau ist, beschreiben sie in folgendem Interview-Auszug:

„Wir möchten nicht mit fertigen Texten in die Öffentlichkeit treten, sondern entwickeln unsere Texte direkt mit und in der Öffentlichkeit. Dazu verschlägt es uns an Orte, an denen Literatur nicht unbedingt erwartet wird: Technoclub, Supermärkten, Frisör. Unser Auftritt ist zunächst unspektakulär und wenig aufwändig. Mit ein paar Zetteln und einem Stift in der Hand setzen wir uns an einen Platz, den Menschen passieren. Wenn jemand zu uns kommt, sagt er ein Stichwort und wir schreiben innerhalb weniger Minuten ein Gedicht. Meist reimt sich der Text, denn es ist einfacher für uns, in Reimen schnell zu schreiben. Außerdem klingt es besser, wenn wir den Text dann dem ‚Kunden' vorlesen. Gefällt dem Stichwortgeber das Produkt, kann er es sofort mitnehmen. Viele haben Schwierigkeiten, ein Stichwort zu nennen. Sie fühlen sich überfordert oder haben das Gefühl, dass ein einziges Wort nicht das ausdrückt, was sie mit einem Thema verbinden. Uns reizt dieser Kontakt zum Publikum, das ‚In-die-Köpfe-der-Menschen-schauen'."

Einige nennen auch provokante Stichwörter, um uns zu testen. Die schwierigsten Wörter waren bisher Mehrwertsteuer und Nockenwelle, da wir bei solch abstrakten oder technischen Begriffen weniger assoziieren können. Abgelehnt haben wir jedoch noch keinen Begriff, da in jedem Wort eine eigene Welt steckt, die auf Entfaltung wartet – selbst in Wörtern wie Zahnstein, Biber, Schulter oder Kiwi.

Manche Skeptiker denken, dass wir zu Begriffen bereits auswendig gelernte Texte im Kopf haben und nur reproduzieren. Aber das wäre für uns schwieriger, als spontan zu schreiben!"

— Petra Anders/Andy Besuch

Möchtet ihr die Actionwriter selbst mit euren Stichwörtern füttern? Im Internet findet ihr sie unter dieser Adresse: **www.sellafly.de**

... Actionwriting

Zurrst dein blondes Haar in Reigen
willst mit deinem Schopfe geigen,
glättest dir mit Gel die Locken
willst Prinzens Brusttoupé bald rocken,
rapunzelst von dem Turm herab,
er schaut nicht – stehst als Frau schachmatt,
bindest dir wieder die Pipikringel
bleibst bezopft und glücklich Single!

du haust alle Bäume für mich klein
sammelst die Äste, baust Häuser hinein,
es trocknet unsere Liebe im Nest
zu Schnitzelwerk biberst du Träume-Rest
schneiderst mir Brücken übers Meer nach Maß
geh ich zu dir, vergess ich das Gras
der Emanze bist du Katastrophe,
doch ich hab nichts lieber
als dich, mein Beziehungsbiber.

— Quelle: private Sammlung der Autorin

- Was glaubst du – zu welchen Stichwörtern sind diese Texte entstanden?
- Fallen dir fiese Wörter ein, mit denen du die Actionwriter provozieren könntest?

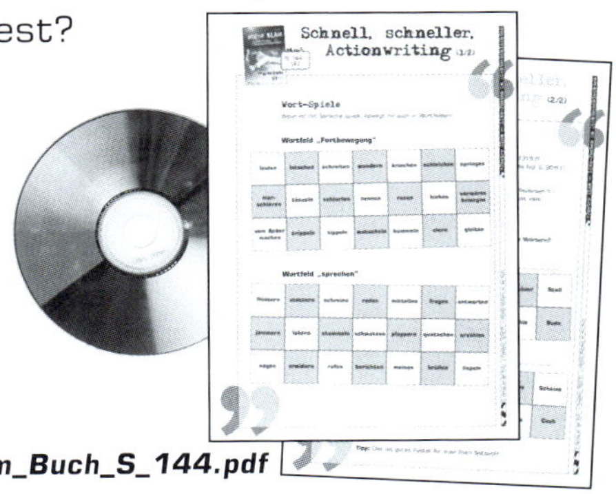

AB_zum_Buch_S_144.pdf

Reim-Pool

Erste Runde: Setzt euch in Gruppen zusammen. Schreibt der Reihe nach ein Wort auf ein großes Blatt Papier.

Zweite Runde: Jeder schreibt reihum hinter die Wörter passende Reimwörter.

Dritte Runde: Wählt aus jeder Zeile passende Reimwörter und schreibt damit ein Gedicht!

Vom Reim-Pool ...

Palme – Halme, qualme ...
Tisch – Fisch, zisch, Wisch, wisch ...
Hose – Soße, Rose ...
Paul – faul, Maul, kraul ...
Liebe – Hiebe, Diebe, Siebe, bliebe, Kriege ...

... zum Gedicht

Zisch

Hoch über mir die dunkle Palme,
steh im Sand, greif zögernd in Halme
Fern hör ich Gurgeln, ein Ruf, jetzt zisch
Im Schatten des Mondes verfängt sich ein Fisch
Auf dem Rücken des Tieres, das ist mein Freund Paul
seine Hand liegt sanft auf des Fisches Maul.
Die Palme hoch oben wird rot, ist das Liebe?
Fisch und Paul verschwinden im Dunkel wie Diebe.

Lyrik-Duell

Im Lyrikduell treten zwei Actionwriter gegeneinander an.
Sie erhalten dasselbe Stichwort und produzieren dazu Verse.

- Bestimmt einen Moderator in der Gruppe und einigt euch auf Regeln:
  - Wie viel Zeit hat jeder Schreiber maximal?
  - Wie viele Stichwörter bekommen die Duell-Partner?
  - Werden Inhalt und Schnelligkeit gesondert bewertet?
- Jede Gruppe schreibt pro Person ein Stichwort auf. Die Wörter sammelt der Moderator des Lyrikduells ein.
- Die Duell-Paare werden gelost oder von der Gruppe ausgewählt.
- Der Moderator gibt dem Duell-Paar die vereinbarte Anzahl von gleichen Stichwörtern.
- Das Lyrikduell beginnt. Jeder Schreiber hat die vorgegebene Zeit zur Verfügung.
- Die Texte werden vorgelesen und vom Publikum bewertet.

Actionwriting bei Veranstaltungen

Um als Gruppe auf einer Veranstaltung aufzutreten, solltet ihr folgende Vorbereitungen treffen:

1. Bildet Kleingruppen (2–3 Personen) mit gleich schnellen Schreibern und gebt eurer Actionwriting-Gruppe einen Namen.
2. Erkundigt euch nach Möglichkeiten, auf Schulveranstaltungen oder in der Umgebung als Actionwriter tätig zu werden (z.B. Weihnachtsfeier, Basar, Schulfest).
3. Entwerft Designs für Papierbögen, auf die ihr eure Texte schreibt. Entwickelt Plakate oder Transparente, auf denen euer Gruppenname sowie das Konzept des Actionwritings stehen.

Das Publikum ...

Die Umsetzung und der Vortrag des Textes auf der Bühne, die Performance, ist ein ganz wesentlicher Bestandteil der Slam Poetry. Der Performer muss das Publikum sehr schnell für sich gewinnen, damit sein Text auch wirkt. Das gelingt u.a. mit diesen Mitteln:

Poetry Slam ist die aktive Seite der Poesie!

Zusammenspiel von Klang, Bild und Inhalt

Der Klang und die Betonung der Stimme sollte gut zum Inhalt des Textes passen und zu dem Bild, dass du erzeugst. Auf diese Weise vermittelst du die Stimmung deines Textes am besten. Auch das Tempo sollte sich nach der Stimmung richten.

Überraschung

Überraschende Momente machen einen Text lebendiger. Das gilt auch für die Performance. Eine unerwartete Hebung der Stimme oder der Lautstärke zum richtigen Zeitpunkt kann die Aufmerksamkeit des Publikums ebenso sichern wie eine lebendige und abwechslungsreiche Körpersprache.

Herausforderung

Manche Slammer beginnen ihre Performance erst mal mit einer Publikumsbeschimpfung wie „Na, ihr inkompetenten Penner!“. Wer das Publikum herausfordern will, macht das aber eleganter, wenn er es schafft, die Kritik in seinen Vortrag einzubinden und zum

Bestandteil seines Textes zu machen. Slampappi Marc Smith, der „Erfinder“ des Poetry Slam, hat übrigens folgendes Ritual entwickelt: Seine Auftritte leitet er stets mit einem einfachen „Hi, my name is Marc Smith!“ ein – und das Publikum antwortet weltweit nur: „So what!“ („Na und?!“)

Direkte Ansprache und Augenkontakt

Nichts macht einen Vortrag langweiliger als ein eintöniges Geleier mit starr auf den Boden gerichtetem Blick. Lass dein Publikum spüren, dass du mit ihm sprichst. Schau ihm ins Gesicht! Lass dazu deinen Blick über die Menge schweifen und suche hin und wieder den Augenkontakt zu Einzelnen.

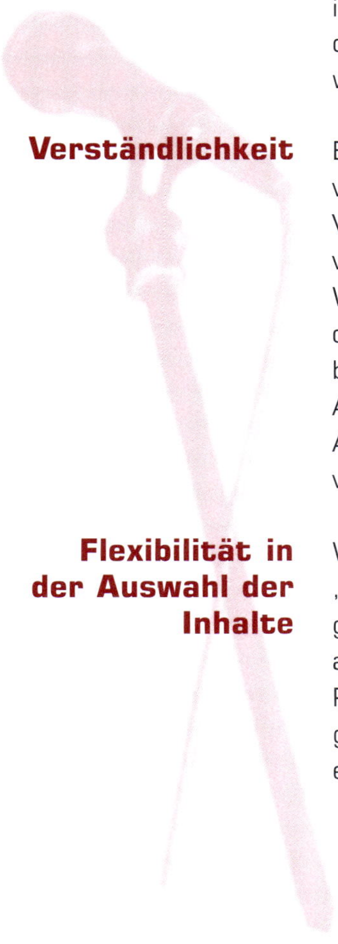

Verständlichkeit

Einer Performance, die dein Publikum nicht versteht, wird es auch nicht folgen. Die Verständlichkeit deines Vortrages hängt von zwei verschiedenen Dingen ab: von den Wörtern, die du im Text benutzt, und von deiner Sprechweise. Versuche also schon beim Schreiben, dich klar auszudrücken. Achte auf eine betonte und artikulierte Aussprache, anstatt in Gemurmel zu versinken!

Flexibilität in der Auswahl der Inhalte

Wenn du bei einem Auftritt mehrere Texte „bringst“ (z. B. weil du in die nächste Runde gekommen bist), ist es besser, wenn nicht alle das gleiche Thema haben – sonst ist das Publikum ziemlich schnell angeödet, egal wie gut deine Performance und der Text an sich eigentlich sind.

Welche Performance überlegst du dir vor dem Auftritt?

Lydia Daher:

Wenn ich gut vorbereitet bin, dann performe ich meine Texte auswendig. Spreche sie mir vor dem Auftritt zu Hause einige Male laut vor, bis ich glaube, den richtigen Ton und Rhythmus gefunden zu haben. Gestik und Mimik studiere ich nicht. Wenn man während des Vortrags richtig im Text drin ist und genau das Gefühl hat, das auch zum Schreiben animiert hat, dann kommt der Rest von selbst und die Show wirkt authentisch.

❞ Fragen, die du für die Performance deiner eigenen Texte klärst:

- Welche innere Haltung möchte ich mit meinem Text rüberbringen?
- Wie kann ich diese Haltung/dieses Gefühl körpersprachlich umsetzen?
- Wie bewege ich mich auf der Bühne?
- In welchem Tonfall und Rhythmus spreche ich die einzelnen Textstellen?
- Welche emotionalen Reaktionen des Publikums möchte ich erreichen?

Wie arbeitest du an der Performance für deine Texte?

Xóchil A. Schütz:

Neue Texte, die ich für gut und bühnentauglich halte, spreche ich bei nächtlichen Spaziergängen vor mich hin, bis ich sie auswendig kann. Der Zettel steckt in der Hosentasche und wird bei Bedarf unter der Laterne rausgezogen. Wenn ich immer wieder bei einer bestimmten Textstelle stecken bleibe, heißt das oft, dass ich den Text da noch mal überarbeiten muss, dass da was noch nicht stimmt.

— **Auszüge aus Interviews mit der Autorin**

- Schau mal, wie die Slammer auf der CD-ROM diese Performance-Tricks umsetzen.
- Welche weiteren Hinweise geben die beiden Slammerinnen in den Interview-Auszügen?

Slam-Texte als Rolle

— **Nora-Eugenie Gomringer, 2003**

„Einen Slam-Text lesen ist wie eine Rolle sprechen. Eine kurze, alles beinhaltende Rolle, für den eigenen Mund geschrieben. Auf den Leib der anderen. (...) Slams sind, obwohl sie recht grob und locker daherkommen, ziemliche Kammerspiele."

Kammerspiele sind Bühnenstücke, die ohne komplizierte Bühnentechnik und ohne aufwändige Ausstattung auskommen. Das Kammerspiel erstrebt Nähe und Geschlossenheit und wird normalerweise in einem kleinen Theatersaal aufgeführt, der nur wenige Sitzplätze hat.

Die Texte der Slam-Künstlerinnen Fiva *(S. 94)*, Lydia Daher *(S. 85)*, Nora-Eugenie Gomringer *(S. 119)* und Xóchil A. Schütz *(S. 98)* sprechen aus der „Ich"-Perspektive. Wie kannst du diesem „Ich" näherkommen?

Wer ist die „Ich"-Sprecherin?

Erstelle einen Steckbrief zu dieser „Ich"-Figur oder verfasse eine Selbstbeschreibung aus ihrer Sicht.

Wie kann ich die „Ich"-Sprecherin darstellen?

Von welchen Haltungen, Gefühlen, Wünschen und Hoffnungen wird die „Ich"-Sprecherin im Text deiner Meinung nach begleitet?

- Stelle diese Gefühle mit entsprechender Mimik und mit Gesten dar. Welche Körperhaltung passt auf die innere Haltung der „Ich"-Sprecherin?
- In Partner- oder Gruppenarbeit könnt ihr eure Vorschläge als Bildhauer umsetzen: Formt aus anderen Gruppenmitgliedern Statuen der „Ich"-Sprecherinnen. Welche trifft die Rolle am besten? Wählt dann Textstellen aus, die ihr der „Ich"-Statue in den Mund legt, und überlegt euch Antworten und Reaktionen darauf.

Wie bringe ich die „Ich"-Sprecherin auf die Bühne?

- In welchem Tonfall und in welchem Tempo würde deine „Ich"-Sprecherin den Text vortragen? Wie würde sie sich auf der Bühne bewegen, um ihre Gefühle und ihre innere Haltung zum Ausdruck zu bringen? Fallen dir auch Effekte ein, die diesen Gefühlen widersprechen?
- Trage den Text in einer Performance vor, die deinem Profil der „Ich"-Sprecherin entspricht.

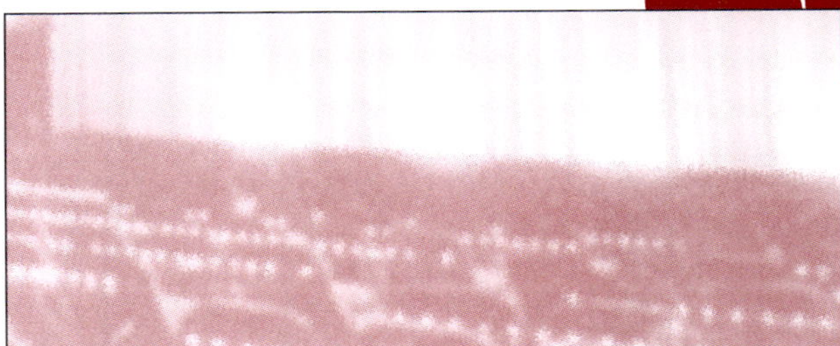

- Stimmst du dem Vergleich zwischen Poetry Slam und einem Kammerspiel zu?
- Was unterscheidet einen Schauspieler von einem Slammer?

Dramatisch, dramatisch ...

„Einen 7-Minuten-Auftritt versuche ich je nach Vermögen ein wenig durchzudramatisieren. Erst einen „low"-Text, bei dem sich die Leute an das neue Gesicht, die neue Stimme auf der Bühne gewöhnen können, dann schnell einen „Bringer", der mit und durch Humor oder Tragik zieht, dann einen „Cooler", der einen mit dem Publikum versöhnt."

— Nora-Eugenie Gomringer, Slammerin und Veranstalterin aus Bamberg

Kläre die Bedeutung der Kategorien „Lower", „Bringer" und „Cooler". Welche Eigenschaften sollten die jeweiligen Texte haben?

Xóchil A. Schütz benutzt folgende Dramaturgie für ihre Performance:

1. **ein positiver Text**
2. **ein Text, der das Publikum verwirrt**
3. **ein Text, der das Publikum verstört**
4. **ein Text, der die Stimmung hochbringt**

Dramaturgie unserer Texte

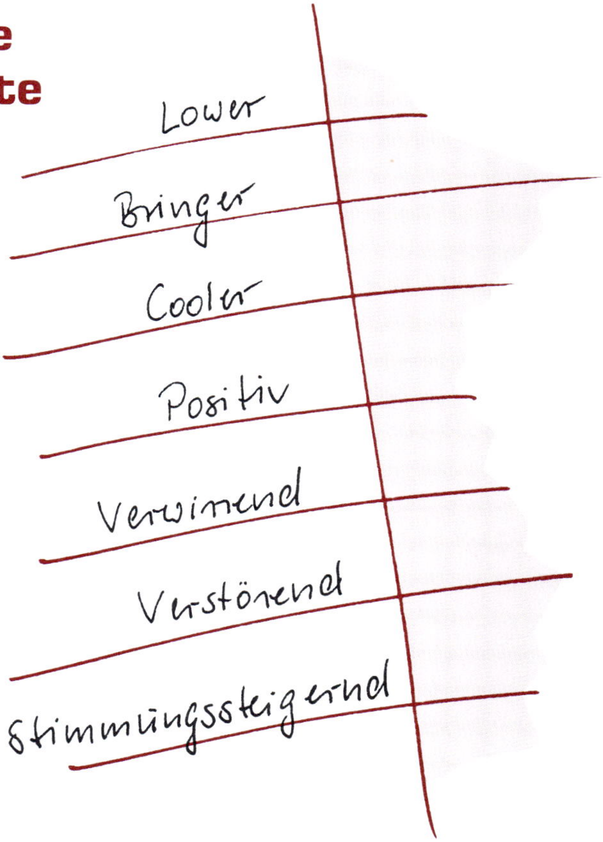

- Vergleiche die Dramaturgie beider Slammerinnen.
- Schau dir auf der Website www.xochillen.de Texte von Xóchil A. Schütz an. Welche Texte erscheinen dir für jeden der vier Schritte geeignet?
- Ordne deine selbstverfassten Texte den dramaturgischen Kategorien zu. Vergleiche deine Ergebnisse anschließend mit denen der anderen und plant dann gemeinsam eure zehn Minuten auf der Bühne!

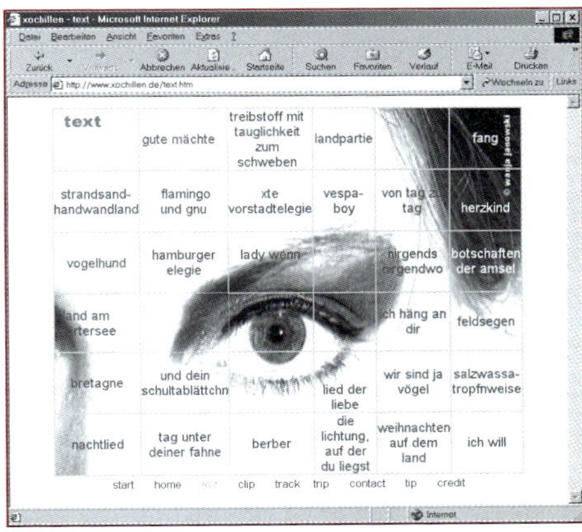

Bühnenpräsenz ...

Beim Slam-Auftritt musst du auf der Bühne bestehen. Viele Übungen aus dem Improvisationstheater können dir dabei im Vorfeld helfen! Beim Ausprobieren solltet ihr in Gruppen arbeiten. Jeweils einer von euch übernimmt den Sprechtext. Wenn ihr eine Bühne/ Aula habt, verlegt das Training direkt dorthin. Falls eure Gruppe zu groß ist, führt das Training in getrennten Gruppen mit je einem Sprecher durch.

Improvisations-Theater ist Theater aus dem Stegreif, ein Spiel, das von Unbeständigkeit und Zufälligkeit lebt. Jeder Spieler nutzt auf der Bühne seine eigene Kreativität und Spontaneität, zugleich muss er höchste Aufmerksamkeit gegenüber seinen Mitspielern und dem Publikum entwickeln.

Was „Impro" bringt:

- präsent sein
- Mut zum Scheitern erlangen
- sicherer mit Unsicherheit umgehen
- Kreativität und Spontaneität entwickeln
- aufmerksam für seinen Körper und für sein Gegenüber sein

Warm-up's aus dem Improvisations-Theater

Einige dieser Übungen kann man natürlich auch für sich alleine machen. Wenn ihr in der Gruppe arbeitet, übernimmt einer den Trainingstext:

Körpergefühl aufbauen

Geh im Raum umher und fühle den Boden unter deinen Füßen. Du spürst deine Arme, deine Beine, deine Schultern, deinen Hals. Sprich leise vor dich hin, was du an dir wahrnimmst. Ist dir kalt oder eher wärmer, wo spürst du Verkrampfungen? Welche Laune hast du heute? Wie fühlen sich deine Beine, deine Arme, dein Nacken an? Zieh Grimassen. Versuche, dein Gesicht so klein und dann so groß wie möglich zu machen.
Wenn ich klatsche, geht jeder von euch eine Stufe schneller. Wenn ich zweimal klatsche, bewegt ihr euch wieder eine Stufe langsamer (die Leute im Raum in ein schnelles Schritttempo führen, dann beim Zeitlupentempo ankommen). Bleib jetzt stehen und streck dich mit den Armen bis an die Decke, schau auf deinen Bauch, finde deine Mitte. Beuge dich nach vorne, lass alles locker hängen. Such dir einen Partner, der dir die Arme, die Beine und den Rücken ausklopft. Komm dann langsam, Wirbel für Wirbel, in die aufrechte Haltung.

Ein Ziel fixieren

Geh in einem gemütlichen Tempo im Raum umher. Nimm wahr, was im Raum ist. Welche Farben kommen häufig vor? Welche Farben sind nur selten vorhanden? Welche Muster gibt es? Was fällt dir besonders auf? Fixiere jetzt einen Gegenstand und lauf direkt darauf zu. Wenn du angekommen bist, fixierst du das nächste Ziel und gehst schnurstracks darauf zu. (5x wiederholen)

Assoziationsbilder komponieren

Ihr steht im Kreis. Eine Person geht in die Mitte, stellt pantomimisch einen Gegenstand dar und sagt: „Ich bin ... (z.B. ein Baum)." Fällt einer anderen Person ein dazu passender Gegenstand ein, stellt sie sich dazu und kommentiert ebenfalls: „Und ich bin ... (z.B. die Säge)." Eine dritte Person ergänzt dieses Standbild mit einer weiteren Idee, z.B. setzt sie sich neben die erste Person und kommentiert: „Und ich bin das Fallobst." Die erste Person verlässt dann das Bild und nimmt eine weitere Person mit.
Die übrig gebliebene Person wiederholt ihren Gegenstand und wartet darauf, dass neue Mitspieler das Bild erneut ergänzen.
Probiert auch Fantasie-Kombinationen aus, z.B.: „Ich bin eine Papaya"; „Und ich die Mamaya"; „Und ich bin das Kindya."

Eine Geschichte zusammen erzählen

Eine Gruppe von 5 Spielern stellt sich im Halbkreis auf. Vor der Gruppe hockt ein Spielleiter, der zunächst fragt, wie die Geschichte heißen soll. Wenn der Titel klar ist, schnippt der Spielleiter einem Spieler zu. Dieser beginnt, eine Geschichte zu erzählen. Der Spielleiter kann an einem beliebigen Punkt eine andere Person anschnippen, die die Geschichte an diesem Punkt weitererzählt.

Spontan Worte finden

Geht im Raum umher, nehmt Blickkontakt miteinander auf. Einer beginnt, einem anderen ein Wort zuzuklatschen. Der andere assoziiert dazu spontan ein anderes Wort und klatscht es einem anderen Vorbeilaufenden zu. (Beispiel: Hund – Katze – Decke – Sofa ...)

Aufmerksamkeit fördern

Gehe im Raum umher, schau dir deine Mitspieler an. Nimm wahr, welche Kleidung sie tragen und wie ihre Mimik ist. Lächele dein Gegenüber beim Vorbeigehen an, nicke ihm zu, begrüße es schließlich mit Worten. Bleibe vor einem Mitspieler deiner Wahl stehen. Sage dem anderen, was dir an der äußeren Erscheinung auffällt. Wichtig ist, dass du nicht bewertest, sondern nur beschreibst. Setzt euch dann zu zweit auf den Boden. Sage dem anderen, was du an ihm wahrnimmst und äußere eine Vermutung, warum er das gerade macht. Beispiel: Du hast gerade gelächelt, weil du wartest, was ich sage. Oder: Du hast gerade die Schultern hochgezogen, weil dir kühl ist. (Dauer: ca. 5 Min.)

Eine Stimmung auf der Bühne etablieren

Eine Gruppe von 6 Spielern setzt sich auf Stühle im Halbkreis. Eine Person geht auf die Bühne und stellt pantomimisch eine eindeutige Handlung und eine Stimmung dar. Sobald ein Mitspieler die Handlung erraten hat, kann er sich zu der Person auf der Bühne gesellen und eine passende Handlung sowie einen einzelnen Satz ergänzen. (Beispiel: Eine Person hängt ärgerlich Wäsche auf. Die zweite Person stößt sie freundlich an und sagt: „Ich helfe dir.“)

- Was lösen diese Übungen in dir aus, was beobachtest du bei anderen?
- Welche Erfahrungen kannst du beim Texten und bei deinem Slam-Auftritt nutzen?

Lampenfieber als …

Lampenfieber ist ein Phänomen, das jeden Menschen vor einem Auftritt vor Publikum befallen kann. Biologisch läuft Folgendes ab: Im Gehirn wird eine Stresssituation ausgelöst, sodass die Nebennierenrinde Adrenalin und Noradrenalin produziert. Das kann einerseits positive Folgen haben (Eustress), aber auch negative Auswirkungen machen sich bemerkbar (Distress). Entscheidend ist, dass Lampenfieber nicht den Kommunikationsprozess zerstört.

Wie bekämpfen Slammer ihr Lampenfieber?

— **Lydia Daher**

Ich wüsste nur zu gerne, wie man Lampenfieber bekämpft. Alkohol ist jedenfalls nicht die Lösung. Man verliert vielleicht Anspannung, gleichzeitig aber auch Kontrolle über die Zunge. Lampenfieber gehört eben dazu und bestenfalls lernt man, damit umzugehen, es sich auf der Bühne nicht anmerken zu lassen. Für mich ist die Zeit kurz vor dem Auftritt die schlimmste. Ich laufe ziellos durch die Gegend, bin nicht mehr ansprechbar und wiederhole wieder und wieder die ersten Zeilen meines Textes – aus Angst, ich könnte sie plötzlich vergessen.

Wirklich Lampenfieber hab ich nur noch selten. Trotzdem mach ich einen guten Auftritt nicht „nur mal nebenbei“, dann ist es nämlich in der Regel kein guter.
Ich trinke keinen Alkohol, bevor ich auf die Bühne gehe. Ich ziehe mich vielleicht für ein paar Minuten zurück und gehe den Text noch mal durch. Ich bete, dass ich das gebe, was ich zu geben habe.
Wenn ich so bewusst an einen Auftritt rangehe, ist er meistens gut.

— **Xóchil A. Schütz**

Aufputschmittel?

- Liste die negativen Auswirkungen auf, die du kennst.
- Informiere dich in einem Biologiebuch über Eustress und Distress.
- Überlege, welche der positiven Auswirkungen dir beim Slam-Auftritt helfen.

  Positive Auswirkungen von Lampenfieber:
  - Mehr Spannung
  - Mehr Kraft
  - Adrenalin macht „wach"
  - Kribbeln, Vorfreude
  - Adrenalin ist ein natürliches Aufputschmittel

- Jede Person hat ein individuelles Lampenfieberprofil. Erstelle dir dein eigenes Profil und schreibe dir ein Rezept dagegen auf.

  Die Hausapotheke bietet dir folgende Mittel an:
  - Von 10 bis 1 zählen
  - Selbstüberzeugung: z.B. „Ich freue mich auf den Auftritt", „Ich stehe zu meinem Anliegen"
  - Wissen: ich darf Fehler machen, alle haben Lampenfieber!
  - Was eintreten könnte, gedanklich vorwegnehmen
  - Zu Versprechern stehen
  - Den Start genießen (lockere Stellung, atmen)
  - Gestik nicht unterdrücken
  - Deine Lieblingskleidung tragen
  - An Erfahrungen anknüpfen, die erfolgreich waren
  - Immer wieder Gelegenheiten suchen, vor Publikum zu stehen

Alles auswendig!

— **Hartmut Pospiech**

Last night a kebab saved my life

Die Erinnerung zurückbringen
ist wie –

Das Lampenfieber am Freitagabend,
das immer in Wellen kommt,
das mich in einen Zappelphilip verwandelt,
in einen Katalog von Aufwärmübungen,
die grauenhafte Panik,
die mich befällt,
weil ich den Text nicht dabei habe, ...

Erinnerung kommt,

ist Adrenalin kurz vor dem Auftritt.
(...)
Und draußen auf der Bühne sagen Rayl
  und Ko meinen Namen.
Und dann gehe ich hinaus,
fange einfach an,
habe nichts vergessen
außer dem Lampenfieber,
gehe hinaus
in dem Moment,
wo ich zu meiner eigenen Geschichte
  werde, ...

Die Erinnerung
Ist wie –
Die Nadel auf die Platte setzen
Und warten,
dass der Ton kommt.

— in: Poetry Slam. Was die Mikrofone halten. Ariel 2000, S. 80–85

Alles auswendig!

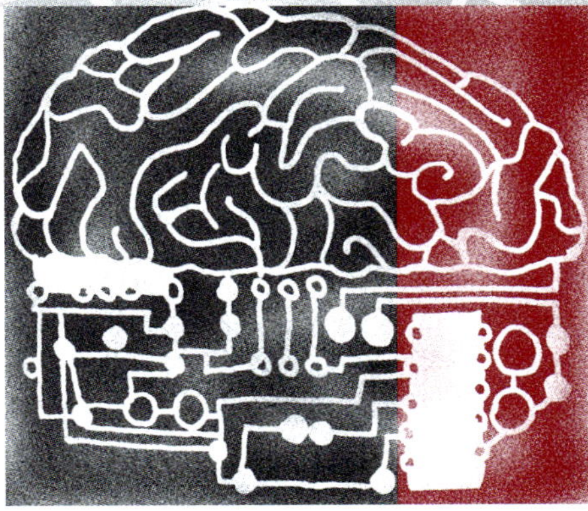

Wenn dein Text flüssig rüberkommen soll, ist es sehr wichtig, dass deine Lyrics auswendig im Kopf sitzen. Abgelesene Texte wirken oft unsicher und klingen stockend. Am besten prägst du dir die Zeilen so tief ein, dass du beim Sprechen nicht mehr nachdenken musst. Dann kannst du dich besonders gut auf den Textfluss (Flow) und den Rhythmus konzentrieren.

Tipps für's Auswendiglernen

Spezielle Mnemotechniken (Gedächtnisübungen, von gr. mneme: Gedächtnis) helfen dir, einen Inhalt besser zu behalten. Wichtig dabei ist, beim Lernen mehrere Sinne gleichzeitig zu nutzen.

I. Alle Sinne aktivieren!

Das erreichst du z.B., wenn du einen Text nicht nur liest, sondern auch wichtige Textstellen unterstreichst oder markierst. Du kannst dir Texte auch als Tondokument anhören. Damit aktivierst du deinen auditiven Sinneskanal. Statistisch gesehen sind die meisten Bundesbürger visuelle Lerntypen. Wir behalten das, was wir sehen. So kannst einen Text als Bild veranschaulichen oder wichtige Textstellen in Bildsymbole umwandeln. Eine Reihe von Bildern kannst du während deines Vortrags besser vor Augen sehen als einen Text aus Worten.

- Markiere be"merkens"werte Stellen in einem deiner eigenen Texte oder in dem Text „Ikarus" des Actionwriters Andy Besuch.
- Versuche, den Text dann in Bildsymbolen darzustellen.

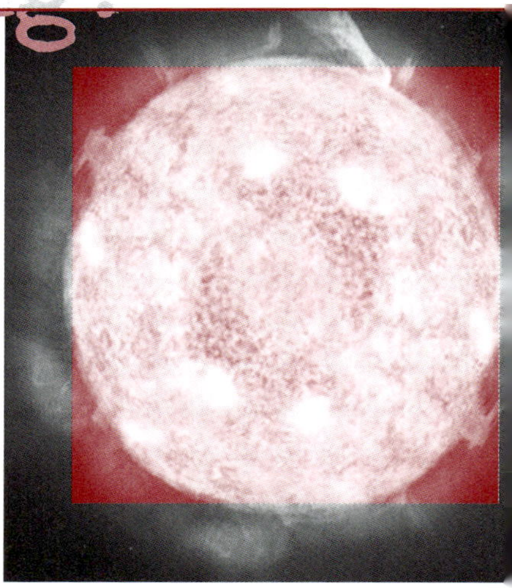

— **Andy Besuch**

Ikarus

Hoch wie Ikarus
Hoch in die Lüfte
bis an die Grenze zum roten Feuerball,
bis an die verschlossenen Türen
des eigen Fleisch und Blut.
Doch mit Blut sollen sich meine Schwingen
nicht verschmutzen.

Ausprobieren, wie weit sich das Gerüst aus Knochen
und Federn biegen lässt
und wie hoch mich der lodernde Planet duldet.
Es drängt, in Feder und Zelle meines Körpers,
Bekanntschaft mit dem fremden Planeten zu schließen
und ihn zu erforschen.
Doch die Weiten hinterm heißen Ball sind unbekannt
und lassen die Gedanken in die nächtliche Traumwelt fliehen.

Der, der mich fesseln will, an den Trist des Tages,
an das Verbot und das Normale,
soll es sich als Lebensaufgabe bis zu seinem Verderben
auferlegen.
Die Distanz verringert sich
und die flammende Schönheit lechzt nach meinem Tode.
Ich koste vom Zorn der Sonne und reize sie aufs Weiße.

Ich, der Geflügelte,
im tiefsten Vertrauen zum eigenen Ego
greife nach den Sternen, viel heißer als das rote Verderben.
Sterne zu hoch für meine Schwingen,
zu hoch für mich und meine Wünsche.
Aber nie zu entfernt für die Hoffnung.

Unter **www.mnemotechnik.info** findet ihr noch weitere Mnemotechniken. Wer möchte, kann seine Merkfähigkeit auch online testen.

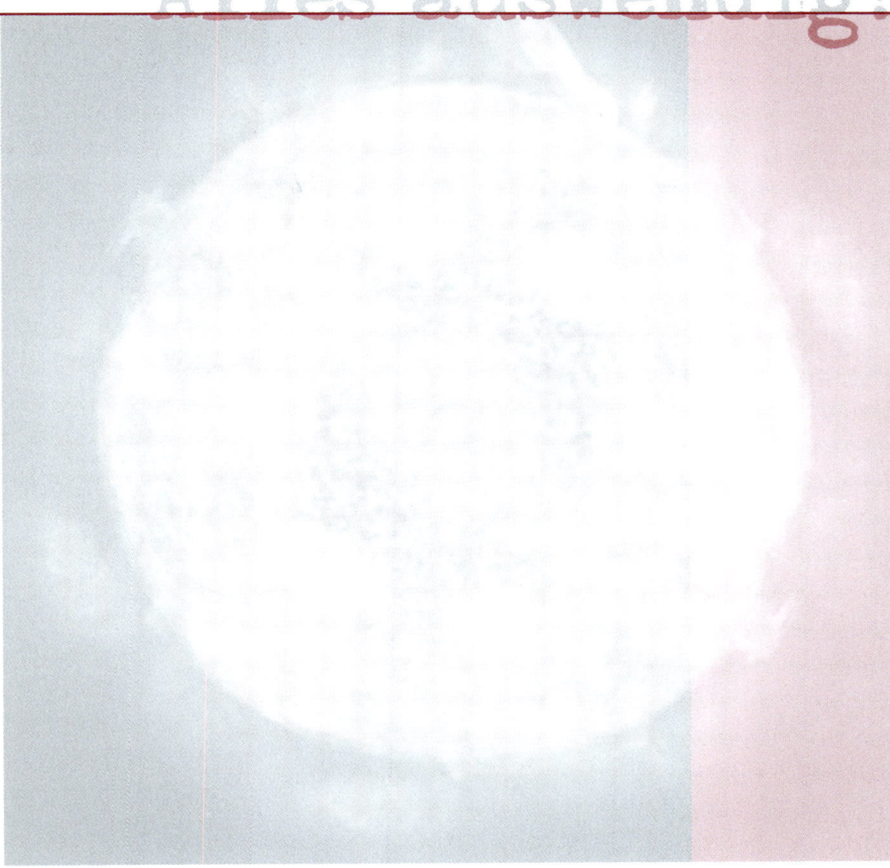

II. Zur richtigen Zeit am richtigen Ort!

Die so genannte Loci-Methode (locus: lat. Ort) funktioniert so: Wörter, die du auswendig lernen willst, platzierst du in einem Fantasie-Haus oder in deiner realen Wohnung. Wenn du einen ganzen Text auswendig lernst, dann ist es sinnvoll, eine bestimmte Reihenfolge einzuhalten: Die erste Strophe verknüpfst du im Dachgeschoss, die zweite in der oberen Wohnetage usw., bis du vor deinem geistigen Auge im Keller angekommen bist. Du kannst auch wichtige Wörter an deine Lieblingsgegenstände in deinem Zimmer hängen. Unterstütze deinen Lernprozess zunächst, indem du die Begriffe mit Klebezetteln anheftest. In Gedanken oder in Wirklichkeit gehst du den Weg durch dein Zimmer oder durch dein Haus immer wieder ab, bis du die Reihenfolge der Wörter im Kopf hast. Auch wenn die Aufregung – z.B. vor deinem Slam-Auftritt – zu groß wird, kannst du sicher in deinem inneren Gedächtnisgebäude umherspazieren.

Schritte zum ...

Mit diesen zehn Schritten bist du der Star auf der Bühne!

» Welche Reihenfolge ist sinnvoll? Sortiere die Schritte!

- ☐ Setze deine Stimme ein!
- ☐ Moderiere deinen Text!
- ☐ Verabschiede dich vom Publikum!
- ☐ Reagiere souverän auf mögliche Störungen!
- ☐ Warte auf die Ergebnisse der Jury!
- ☐ Atme durch!
- ☐ Setze Körpersprache ein!
- ☐ Begrüße dein Publikum!
- ☐ Sei intensiv da!
- ☐ Stelle das Mikrofon auf deine Höhe ein!

» Setze dich mit einigen Gleichgesinnten zusammen und sprecht über Möglichkeiten, euren Auftritt zu realisieren. Macht Probedurchläufe für den Auftritt!

» Welche Störungen könnten auftreten? Wie reagierst du?

» Wähle drei Texte aus deinem Präsentationskorb *(siehe S. 115)* und formuliere ansprechende Ankündigungen für das Publikum (z. B. „Der Text ist entstanden, weil ...; Vielleicht kennt ihr die Situation ...").

» Schreibe für dich oder eine andere Person eine Regieanweisung, die den Weg vom Platz im Publikum bis zu den ersten Minuten auf der Bühne beschreibt. Du kannst auch einen inneren Monolog verfassen.

Die Regieanweisung beschreibt, **WAS** eine Person macht und **WIE** sie es macht.

> ***„Ich sitze unruhig auf meinem Stuhl. Ich trinke einen Schluck Wasser aus meinem Glas. Ich schaue mich nervös um. Als ich meinen Namen höre, stehe ich auf und ...“***

Der innere Monolog beschreibt aus Sicht einer Person, **WIE** diese sich fühlt, **WAS** sie denkt und **WARUM** sie so denkt.

> ***„Ich habe das Gefühl, dass ich schon Ewigkeiten auf diesem Stuhl sitze. Einerseits hoffe ich, es ist bald alles vorbei, andererseits ...“***

Kommt mein Text rüber?
Kommt mein Anliegen an?

Nach einem Text-Test:

- Setze dich mit einem Partner Rücken an Rücken. Partner A spricht seinen Text laut und verständlich. Partner B fasst zusammen, worum es inhaltlich geht und welche Gedanken und Gefühle der Text bei ihm auslöst.
- Wiederhole diese Übung mit unterschiedlichen Partnern. Notiere die Reaktionen der Zuhörer unter dem Text. So kannst du feststellen, ob dein Text auch ankommt.

Technik spielt ...

„Willst du einen Rapper fangen, bau im Wald ein Mikro auf und grab davor 'ne Fallgrube, bisschen Laub drüber, rums, Klappe zu, Affe tot!"

— Sebastian Krämer: Über Mikrophone, www.spokenwordberlin.net

Der Slam-Poet Sebastian Krämer hat mit seinem Text „Über Mikrophone" den German International Poetry Slam 2003 gewonnen. Er beschreibt Mikrofone als laute, empfindliche „Schluckspechte" mit Kabelgeschwulst.

» Welche peinlichen Situationen können mit dem Mikrofon passieren?

Hier einige Tipps des Rap-Poeten Bas Böttcher zum Umgang mit dem Mikrofon:

Wenn du deine Texte aufnehmen oder auf die Bühne bringen willst, brauchst du etwas Mikrofon-Praxis. Beachte dabei:

- *Vor dem Einsatz einmal sorgfältig schlucken. Je trockener der Mund, desto klarer die Aussprache.*
- *Nie den Mikrofonkopf mit der Hand zuhalten. So etwas sieht man nur im Videoclip, ist aber gestellt. In Wirklichkeit entsteht dabei ein schriller Pfeifton.*
- *Niemals vor dem Stativ bücken oder sich hoch recken. Richte das Mikro immer so ein, dass du bequem und locker davorstehen kannst.*
- *Es kommt nicht darauf an, wie teuer das Mikro ist. Hauptsache, es passt gut zu deiner Stimme.*

Wenn du auf der Bühne performst, hast du nur dich selbst und deinen Text. Du musst die absolute Aufmerksamkeit des Publikums erhalten. Das gelingt nur, wenn auch die Technik mitspielt:

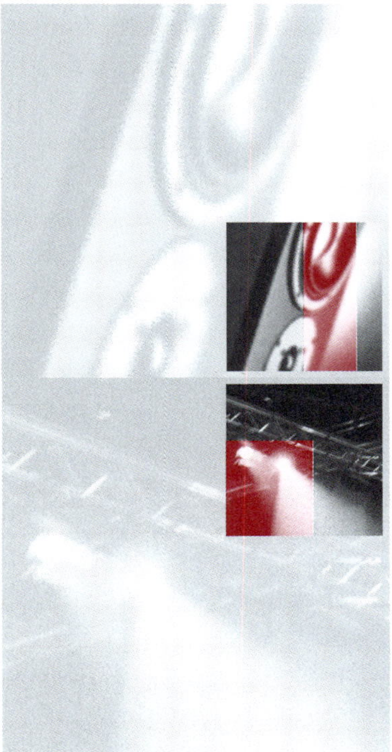

Akustik

Wenn du für den Poetry Slam einen Raum suchst, achte besonders auf die Akustik: Wenn du einen Raum betrittst, schnippe einmal mit den Fingern. Gibt es einen Hall, der länger als eine Sekunde dauert, ist der Raum nicht geeignet!

Licht

Die Bühne muss unbedingt hell ausgeleuchtet sein. Stell dich immer mitten in das Scheinwerferlicht – auch wenn es blendet und dir warm wird. Wegen des hellen Lichts wirst du das Publikum nicht sehen können, halte aber trotzdem Blickkontakt. Deine Zuhörer erhalten so den Eindruck, dass du mit ihnen in Verbindung stehst.

„Sprechwerkzeuge“

„Buchstaben-Kauen“: Schreibt auf ein Plakat die folgende Vokalreihe: **o – u – a – e – i – ö – ü – eu – ei – au**
Setzt vor die Vokale einen beliebigen Konsonanten, nach jedem Vokal ein „m“.
Stellt euch vor, ihr hättet ein Riesenkaugummi im Mund! Sprecht dann eure Vokalreihe so langsam kauend wie möglich. Das klingt zunächst albern, aber: Es wirkt!
z.B.: Mom – Mum – Mam – Mem – Mim – Möm – Müm – Meum – Meim – Maum ***oder:*** Som – Sum – Sam – Sem – Sim – Söm – Süm – Seum – Seim – Saum.

Slammer-Tipps in ...

Xóchil A. Schütz und Lydia Daher im Interview:

Wie bereitet ihr euch auf einen Poetry-Slam-Auftritt vor?

Lydia Daher:
Es gibt mehrere Taktiken.
Vor meinen ersten Auftritten habe ich mir
immer eingeredet, dass das Publikum, Verzeihung,
nur aus Idioten besteht, vor denen ich nichts zu verlieren habe.
Das war natürlich weder nett noch wahr,
denn das Slam-Publikum ist meistens fair und charmant.
Nach ein paar gelungenen Shows wechselte ich deshalb
zur nächsten Taktik über: Mir selbst gut zureden und
Mut machen. Was kann schon passieren?
Die anderen kochen auch nur mit Wasser ...

Xóchil A. Schütz:
Das Publikum muss dir den Text abnehmen, das heißt,
du musst echt sein. Das ist, find ich, eine Herausforderung,
weil wir ja doch in einer Welt leben, die Erwartungen an dich stellt,
die mit der-die-du-echt-bist oder dem-der-du-echt-bist
nicht immer was zu tun haben.

Könnt ihr euch vor eurem eigenen Auftritt auf die Beiträge der anderen Slammer konzentrieren?

Lydia Daher:
Je größer die eigene Aufregung ist,
desto schwieriger wird es,
den vorangehenden Texten zu folgen.
Aber sobald mir ein Beitrag gefällt,
vergesse ich meine Nervosität, schaue hin, höre zu.
Dann folgen die immer gleichen, diffizilen Fragen: Passt das Gedicht,
das ich bringen will, in diesen Rahmen bzw. zu den anderen
Beiträgen? Sollte ich nach vielen amüsanten Texten etwas
Schwereres bringen, oder lieber nicht?
Meistens entscheidet dann sowieso das Gefühl.

Xóchil A. Schütz:
Mittlerweile bin ich so ruhig, dass ich wirklich mitbekomme, was für Texte vor mir vorgetragen werden. Früher war ich zu nervös, um dann wirklich zuzuhören. Natürlich achte ich darauf, ob da jemand etwas macht, was ich ähnlich gern selbst gemacht hätte, und wenn, was es damit auf sich hat.

Und wie wählst du deine Beiträge aus?

Xóchil A. Schütz:
Oft teste ich neue Texte, da brauch ich dann nichts mehr auswählen, weil klar ist, was ich mache. Oft hab ich aber auch einfach spontan Lust auf einen bestimmten Text und der wird dann vorgetragen.

Wie ergeht es dir, wenn das Publikum entscheidet?

Xóchil A. Schütz:
Ich versuch, gut zu sein, aber ich rechne nicht damit, zu gewinnen. Wenn ich dann gewinne, freu ich mich wie ein Kind.

— Auszüge aus Interviews der Autorin

Schreibübung

- Erstelle mit den Aussagen ein Plakat zum Thema „Tipps für den Slam-Auftritt".
- Slam – deine Chance „echt" zu sein!? Schreibe fünf gute Gründe in dein Notizbuch, warum du deinen Text auf der Bühne präsentieren willst.

Peinlich, peinlich ...

Eins ist klar: Bei einem Auftritt läuft nicht immer alles glatt.
Hier findest du einige Beispiele dafür, was vor, während oder nach einer Performance so alles schiefgehen kann:

Ich bin mal auf dem Weg zur Bühne, vor der sehr viele Zuschauer auf dem Boden saßen, einer Frau heftig auf die Hand getreten. Oben angekommen sagte ich Folgendes ins Mikro: „Ähm, ich wollte mich noch kurz bei der Frau bedanken, die ich eben so getreten habe ...“ Das Publikum lachte. Ich hatte keine Ahnung warum, war mir bis dahin meines Versprechers überhaupt nicht bewusst.

Mir ist beim Klettern auf eine ziemlich hohe Bühne, deren Treppe ich gekonnt ignorierte, die Hose bedenklich weit heruntergerutscht. Und das im weißen Spotlight!

Erst letzte Woche wurde mir unmittelbar vor meinem Auftritt ein halber Liter Bier über die Hose gekippt. Unerfreulicherweise genau dorthin, wo es irgendwie am blödesten aussieht ... na ja, da muss man dann durch.

...und doch geschafft!

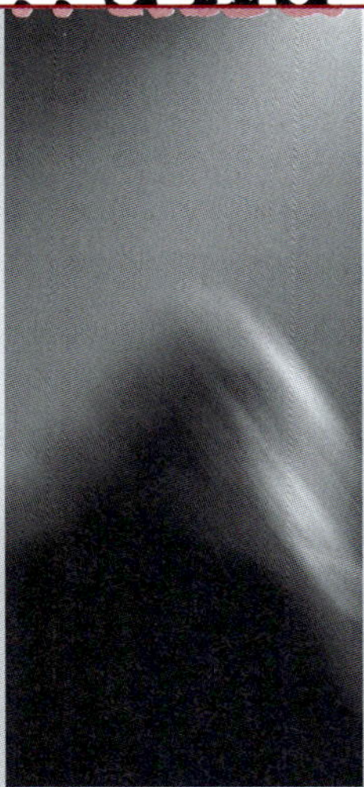

Mein Freund und ich hatten uns getrennt. Ich war todtraurig und hab monatelang todtraurige Texte geschrieben. Einmal hab ich sie vorgetragen, mich aber supersexy angezogen. Das hat nicht zusammengepasst und war peinlich.

Ein Slam-Veranstalter, den ich praktisch nicht kannte, hat versucht, mich nach der Show auf den Mund zu küssen. Ich hab meinen Kopf weggedreht. Er war empört und hätte mir fast eine runtergehauen. Das fand ich auch peinlich. Aber mehr für den Mann.

- Entwirf drei weitere Situationen, die einen Slammer aus dem Konzept bringen können. Welche Tipps kannst du ihm dafür geben?
- Sammle Sprüche, Zitate und Ratschläge, die dem Slammer auf der Bühne Mut machen!
- Im Notfall: Augen zu und durch! Bleib auf der Bühne, zähle bis drei, atme tief durch und fang von vorne an. Du erhältst Sympathiepunkte und bleibst authentisch. Erzähle auch ruhig dem Publikum, wie du dich gerade fühlst. Das entspannt dich und die anderen!

Dein Text als ...

Wenn du einen gelungenen Text hast, kannst du auch statt einer Bühnenperformance eine filmische Inszenierung ausprobieren. Orientiere dich an den Poetry Clips von **Wolfgang Hogekamp:**
3–5 Minuten Länge,
Ort deiner Wahl,
das Umfeld gibt den Rahmen für den Text.

Mit den Fragen unten und den Stichworten rechts kannst du mit deinem Filmteam planen:

Auswertungsimpulse für die Eigenproduktion

- Äußere Erscheinung der Figuren/ Schauspieler: Wirken sie sympathisch? Wie kommt dieser Eindruck zustande?
- Welche Aussagen lassen sich über Schauplatz, Ausstattung und Dekoration treffen: üppig, erdrückend, karg, nüchtern, modern, antiquiert?
- Welche Farbtöne herrschen vor?
- Sind Symbole erkennbar?
- Welche Stimmung wird in der Szene erzeugt?

Person

Wie viele Personen sollen in dem Clip zu sehen sein? Ist die Person ganz zu sehen? Wie bewegt sie sich? Welcher Kleidungsstil passt? Welche Accessoires (Sonnenbrille, Mütze, Fernglas usw.), welche Mimik und Gestik könnten den Inhalt des Textes unterstreichen?

Ort

Spielt der Clip draußen (U-Bahnhof, Park, Brücke usw.) oder in einem Raum (Supermarkt, zu Hause, Klassenzimmer, Party usw.)? Kann die Stimmung des Ortes (erdrückend, nüchtern, kalt, modern, antiquiert usw.) den Inhalt des Textes unterstützen?

Bildinhalt

Welche sprachlichen Bilder (z.B. Fiva: alleine gehen) lassen sich in konkrete Bilder (Person morgens auf menschenleerer Straße) umsetzen? Welche Stimmung (aggressiv, romantisch, nachdenklich usw.) soll erzeugt werden? Können Symbole (Handy: Kommunikation, U-Bahnhof: Schnelllebigkeit/Stadt usw.) eingebaut werden?

Ton

Gibt es Geräusche (Zug, Partygespräch, Vogelgezwitscher usw.), die zum Text passen oder ihn kontrastieren? In welcher Stimmlage soll die Person den Text sprechen? Gibt es weitere Stimmen, die eingespielt werden? Soll der Text durch Musik unterlegt werden?

Kamera

Gibt der Textinhalt eine dynamische Kamerabewegung vor oder passen Standbilder besser? Können Textpassagen durch Vogel- oder Froschperspektive betont werden?

Schnitt

Besteht der Clip aus Sequenzen, die zusammengeschnitten werden? Setzt ihr harte Schnitte oder fließende Übergänge? Unterstützt ein schneller Schnitt den Textinhalt?

Ein Kulturmanager muss so kreativ sein wie ein Künstler!

Ein Kulturmanager ist ein Allround-Talent mit Qualifikationen aus Kulturwissenschaft, Journalismus, Marketing und Veranstaltungsorganisation.

Persönliche Voraussetzungen

- Interesse an Kunst und Kultur
- Kommunikationsfähigkeit für Personalführung und Verhandlung
- Präsentationsfähigkeit, um Projekte der Öffentlichkeit schmackhaft zu machen
- Flexibilität, da vieles nicht wie geplant verläuft

Ausbildung

Sozialwissenschaftliches oder geisteswissenschaftliches Studium mit Zusatzstudium Kulturmanagement. Es gibt auch viele talentierte Quereinsteiger aus dem Journalismus und der Wirtschaft. Sehr wichtig: Praxiserfahrungen sammeln! Dazu solltest du bereits in der Schulzeit und im Studium Veranstaltungen und Projekte organisieren und Praktika absolvieren.

Fachliche Voraussetzung

- Kenntnisse über Kunst- und Kulturbetrieb
- Kompetenz in der Öffentlichkeitsarbeit
- Know-how in der Planung und Umsetzung eines Vorhabens

Buchtipp zum Thema:
KulturForschung Nr. 16, Aus- und Weiterbildungsangebote für Kulturmanagement und verwandte Tätigkeiten im deutschsprachigen Raum, hrsg. v. Zentrum für Kulturforschung

… Kulturmanager

Tätigkeitsbereich

In allen Betriebsbereichen wie Organisation, PR-Arbeit, Finanzierung, Verwaltung. Oft liegt der Schwerpunkt auf der Konzeption und Finanzierung von Kulturvorhaben.

Arbeitsalltag

Bürohengst mit Telefonkontakt! Meetings, Telefonieren, Konzeptarbeit im Team, Verhandlungen über alte und neue Projekte

Vorteile

Für Kulturinteressierte ein spannendes Aufgabenfeld: ständige Herausforderung, sich neuen Aufgabenstellungen kreativ zu nähern und Lösungen zu finden.

Aufstiegschancen

- Leitende Tätigkeit in PR-Abteilungen, bei Bildungsträgern und Kulturorganisationen (Theater, Museum)
  Infos: zentrum@kulturforschung.de

Aufpasser & Hingucker

- Führt in Partner- oder Gruppenarbeit ein Rollenspiel zu einem Vorstellungsgespräch durch:
  Du möchtest in einem Unternehmen oder einer Organisation deiner Wahl ein Praktikum im Bereich Kulturmanagement machen.

Ein Slam-Netzwerk ...

Die Slam-Bewegung versteht sich als slamily (slam-family). Slampapi Marc Smith betont, dass jeder freien Zugang zur family hat, keiner jedoch die family entzweien soll! Sie breitet sich lokal, national und international aus, weil die Slammer und Veranstalter in einem Netzwerk kooperieren. Die drei wichtigsten Komponenten des Netzwerkes findest du hier:

Literarische „Community“

Gründe zusammen mit anderen auch außerhalb des Unterrichts eine literarische Gemeinschaft, denn dies ist das A und O für lebendige Literatur: Jeder, der Lust auf Schreiben hat, ist Teil der Community. Jeder kann für sich schreiben und ihr trefft euch, um Neues vorzutragen. Oder ihr organisiert eine Schreibwerkstatt mit einem festen Termin. Richtet für eure Community im Internet ein Diskussionsforum, eine Mitgliederliste und Webseiten der Poeten ein!

Veranstaltungsorganisation

Um eure Bewegung in eurer Stadt bzw. Schule zu etablieren, solltet ihr einen festen Termin und einen Veranstaltungsort organisieren. Üblicherweise finden Slams monatlich statt. Reserviert die Aula oder eine Turnhalle oder fragt in Szenetreffs (Club, Jugendheim usw.) nach räumlichen Möglichkeiten. Tipp: Lasst euch von lokalen Kulturträgern unterstützen!

Die Raumsuche („location scouting“) ist eine der schwierigsten Aufgaben. Kostenlos zur Verfügung gestellte Räume sind oft überbelegt und kommerzielle Räume teuer in der Miete. Setzt also „Location-scouts“ ein, die besonders gute Beziehungen zum Hausmeister oder zu anderen Kulturveranstaltern haben.

Jugend-Slam-Netzwerke gibt es in den USA unter:
www.poetsasylum.org

Kommunikation/Informationsfluss

Ob Schreibwerkstatt, Performance-Workshop oder Poetry Slam: Mund-zu-Mund-Propaganda ist immer eine wichtige Sache, wenn ihr eure Aktivitäten bekannt machen wollt. Allerdings sollte das nicht das einzige Mittel sein. Sonst fühlen sich Leute, die keine guten Beziehungen zu den „Insidern" haben, schnell ausgeschlossen. Außerdem können Termine in der Hektik des Alltags untergehen. Verlässliche Verbreitungsmedien sind:

- Newsletter über euren (Schul-)Verteiler
- Aushänge am „Slam-Brett"
- Flyer
- Presseartikel
- Audiotapes
- Radio-Slam
- Videoclips
- Slam-Magazin

Bestimmt einige PR-Experten, die die Öffentlichkeitsarbeit übernehmen. Diese sollten Zugang zum Computer und eine gute „Schreibe" haben, um Pressemitteilungen zu verfassen und zu aktualisieren. Nehmt auch Kontakt zu Mitgliedern der slamily in anderen Städten auf!

Workshops

Bucht euch einen Live-Poeten, der mit euch einen Workshop macht! Ihr könnt Live-Performance hautnah erleben und Text-Tricks ausprobieren!

Weiterdenker

- Wie findest du die Idee, Mitglied in der slamily zu sein?
- Setzt euch in der Gruppe zusammen und verteilt die Posten an interessierte Verantwortliche! Vereinbart Termine und Treffpunkte zur Planung und Durchführung des langfristigen Projekts!

Auf zum ersten Slam!

Die Feinplanung eures ersten Poetry Slam sollte frühzeitig (spätestens 3 Wochen vorher) beginnen! Schaut euch dazu nochmals die Aufgaben der Akteure an. Legt fest, welche Leute die Rolle der Veranstalter übernehmen (ca. 3 Personen). Bestimmt auch, welche Personen die Veranstaltung als „Master of Ceremony" (MC) moderieren.

Checkliste für den Veranstalter

- ☑ Räumlichkeiten klären (Aula, Turnhalle)
- ☑ Eventuell ein Buffet organisieren (Koch-AG, Schulmensa o.Ä.)
- ☑ Technische Voraussetzungen schaffen (Mikrofon, Musikanlage, eventuell DJ-Pult)
- ☑ Für eine passende Bühnengestaltung sowie Sitzplätze sorgen

Checkliste für die Slammer

- ☑ Texte auswendig lernen
- ☑ Mit mindestens drei unterschiedlichen Texten zum Slam gehen und spontan entscheiden, mit welchem du auf die Bühne gehst. Einen Zugabe-Text bereithalten, falls du gewinnst!
- ☑ Dramaturgische Gestaltung der Texte überlegen
- ☑ Anmoderation und Selbstpräsentation gedanklich oder vor einem Spiegel üben
- ☑ Traubenzucker oder einen Glücksbringer für die Hosentasche nicht vergessen!

Checkliste für den Moderator/MC

☑ **Vorprogramm organisieren**
Im Vorprogramm wird der erste Kontakt zwischen Publikum und Bühne aufgebaut und die Kommunikationsbereitschaft der Zuschauer angeregt.

Special Guests laufen außer Konkurrenz. Sie stimmen auf die Veranstaltung ein und erhöhen die Spannung sowie die Erwartungshaltung des Publikums und der Live-Poeten.

Möglichkeiten für ein Vorprogramm:

- Live-Band
- DJ
- Unsichtbares Theater (Szenen werden im Zuschauerraum gespielt)
- Live-Poeten, die ein Stück vortragen, mit dem schon mal ein Slam gewonnen wurde
- Freestyle – Assoziationsspiel mit dem Publikum
- Live-Poeten oder Interessierte aus anderen Städten/Schule, die von ihrem Netzwerk berichten
- Gedichte von bekannten Künstlern werden von Einzelnen aus dem Publikum rezitiert

☑ **Liste der Live-Poeten erstellen**
Die Bühne ist für jeden offen, der sich vor oder während der Veranstaltung beim MC (Master of Ceremony) meldet. Falls sich zu viele Slammer melden, entscheidet das Los.

☑ **Anmoderation und Stimmungsmacher** im Vorfeld überlegen (passende Witze, Anspielungen, ein eigener Text zur Auflockerung)

Eure Slam-Regeln

Bei der Organisation eures Slams solltet ihr nicht vergessen, die Regeln und den Ablauf rechtzeitig festzulegen. Wichtig sind dabei vor allem diese Punkte:

Slam-Fahrplan

- Wie viele Live-Poeten können maximal auf die Bühne?
- Wie viel Zeit gebt ihr jedem Live-Poeten?
- Welchen zeitlichen Rahmen seht ihr vor? Wann ist die Pause?
- Sind alle Zuhörer die Jury oder gibt es einzelne Juroren aus dem Publikum?
- Wie soll abgestimmt werden? Werden Performance und Inhalt gesondert bewertet?
- Können die Live-Poeten ihre Texte mithilfe eines DJs musikalisch unterlegen?
- Wie viele Runden plant ihr ein?
- Welchen Preis erhält der Gewinner?

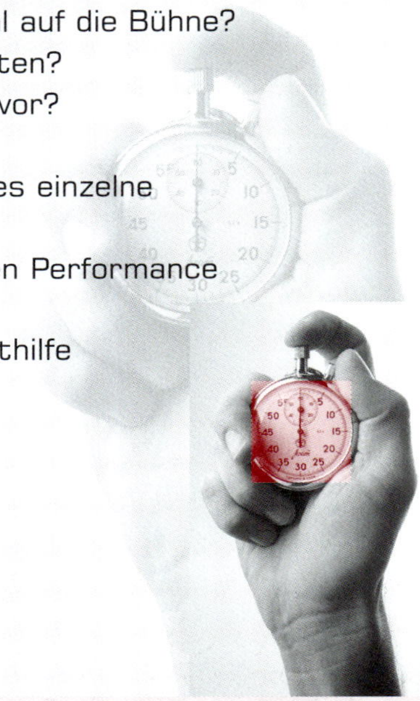

Zeitplan

Ein Slam geht oft über mehrere Stunden, je nachdem, wie viele Slammer auf der Liste stehen und wie viel Zeit ihr jedem gebt. Üblich sind 5 bis max. 10 Minuten pro Slammer. Wenn ihr ein schärferes Zeitlimit setzt, können mehr Slammer auf die Bühne. Ihr könnt auch Gruppen mit etwa gleich starken Poeten bilden, aus denen je ein Sieger hervorgeht. Die Gruppensieger treten dann gegeneinander an, bis ein Gesamtsieger feststeht. Bei diesem Verfahren müssen alle Slammer zwei bis drei unterschiedliche Texte bereithalten, da sie als Gruppensieger Neues auf die Bühne bringen müssen und als Gesamtsieger eine Zugabe geben sollten.
Plant eine Pause ein, um beim Publikum die Spannung zu erhöhen und den Live-Poeten eine Ruhepause zu gönnen.

Abstimmungsmodalitäten

Fast jeder Slam hat seine eigene Methode, den Sieger zu ermitteln. Hier einige Beispiele:

- In Frankfurt/Main werden an alle Zuschauer Stimmzettel verteilt und ausgewertet.
- Die Bonner veranstalten einen „Rosenkrieg": Die Zuschauer erhalten Rosen und halten diese bei der Abstimmung in die Höhe.
- Bei der Darmstädter Dichterschlacht werden den Zuschauern Dichtungsringe gegeben. Der Live-Poet holt sich direkt von seinen „Anhängern" mit einer Holzstange die Ringe ab und erhält oft noch ein persönliches Lob bzw. eine Motivation dazu.
- Beim spokenwordberlin-Slam stimmt eine ausgewählte Jury mit Punktetafeln (1–9) ab, die jeweils höchste und niedrigste Bewertung für einen Slammer wird vom MC gestrichen, um eine durchschnittliche Bewertung zu erreichen.
- Beim Slam in der Berliner „Scheinbar" stimmt das gesamte Publikum per Applaus ab.

Siegerpreis

Der Preis sollte etwas Symbolisches sein, kein Geldgeschenk. Der Scheinbar-Slam vergibt z.B. einen Römertopf, der spokenwordberlin-Slam hält u.a. originelle Buchgeschenke parat.

Was das Publikum ...

Führt eine Woche vor dem Poetry Slam eine Umfrage durch. Auf diese Weise bezieht ihr die Zuschauer bereits im Vorfeld in die Veranstaltung mit ein und weckt Neugierde sowie eine Erwartungshaltung. Außerdem erhaltet ihr durch zielorientiertes Fragen Informationen darüber, mit wie vielen Zuschauern ihr rechnen könnt, ob weitere Live-Poeten auf die Bühne kommen und was thematisch gut beim Publikum ankommt.

Mögliche Fragen:

- Was erwartest du von den Live-Poeten?
- Zu welchen Themen würdest du gerne etwas hören?
- Traust du dir selbst zu, während des Slams auch einen eigenen Beitrag zu performen?
- Was sollen die Moderatoren deiner Meinung nach drauf haben?
- Warum kommst du zum Slam? Was sind deine Gründe?

Dieser Info-Flyer zu einem Schul-Slam enthält zehn Fehler! Findest du sie?

brandneu – aufregend – frisch aus England

Poetry Slam jetzt auch bei uns!

Poetry Slam ist ein Wettstreit auf der Bühne, der immer in einem Boxring durchgeführt wird. Wer den lustigsten Text vorträgt, gewinnt!

Die Live-Poeten sind bereits durch die Vorauswahl unserer Deutschlehrerin Frau Dr. Hammer für den Auftritt qualifiziert. Unsere Jury bestimmt, wer als Sieger hervorgeht.

Hast du Lust bekommen?

Dann schau vorbei!

Wenn du auch als Live-Poet auf die Bühne willst, bring bitte ein passendes Kostüm mit!

Der Veranstalter weist darauf hin, dass keine sozialkritischen Texte vorgetragen werden sollen. Auch Rap und Freestyle sind keine geeigneten Ausdrucksformen für einen Slam.

Das Publikum wird um entsprechende Zurückhaltung gebeten, da die Künstler auf der Bühne nicht gestört werden möchten.
P.S. Anmeldung für die Jurymitglieder bis spätestens einen Tag vor der Veranstaltung!

Entwirf einen eigenen Flyer, um das Publikum über die geplante Veranstaltung zu informieren und zu begeistern!

Die eigene Poetry-Slam-Homepage

Alle Webseiten im Internet sind im Prinzip ähnlich aufgebaut. Sie bestehen aus einer Anzahl miteinander verknüpfter Seiten. Den Einstieg bildet in der Regel die so genannte Homepage, die Startseite, die als Adresse angegeben wird. Von hier aus gelangt man über Querverweise, die Hyperlinks, zu allen übrigen Seiten dieser Adresse. Wichtige Bestandteile einer Webseite sind Texte, Grafiken, Bilder und Hyperlinks. Bevor du mit der Erstellung einer Poetry-Slam-Homepage startest, solltest du einige Vorüberlegungen zum Aufbau der Seiten anstellen.

Tipps & Tricks

- Überlege dir genau, was du auf der Website vorstellen willst.
- Fertige eine Skizze auf einem Blatt Papier an.
- Notiere, auf welche anderen Webseiten du mit einem Link verweisen willst. Schreibe die genaue Adresse dazu.
- Wähle Fotos aus, die eine Vorstellung von der Veranstaltung geben. Das können z.B. Schnappschüsse aus der Vorbereitungsphase oder Porträts der Veranstalter/MCs und Slammer sein.
- Plane eine Navigationsleiste am Bildschirmrand ein. Sie bildet das Inhaltsverzeichnis, auf dem die Besucher der Webseite sofort zu den gewünschten Inhalten kommen.
- Niemand will endlosen Text lesen. Präsentiere das Wichtigste kurz und anschaulich!
- Hole dir im Internet unter dem Stichwort „poetry slam“ Ideen für Slam-Ankündigungen!

Anleitungen für die kostenlose HTLM-Programmierung findest du unter dieser Adresse:
www.tiptom.ch/homepage/tutorials.html

Werbeplakate für den Slam

Auch Plakate sind nach wie vor ein wichtiges Mittel, um Werbung für die Veranstaltung zu machen.
Folgende Fakten sollten auf dem Plakat ansprechend präsentiert werden:

- Uhrzeit
- Datum
- location
- Moderator
- Veranstalter
- Rahmenprogramm
- Logo/Label
- Motto (falls vorhanden)
- Eintritt/Preis
- Ermutigung (z. B.): Offene Bühne! Jeder kann spontan mitmachen!

Datei Bearbeiten Ansicht Einfügen Format Extras Aktionen ?

Antworten | Allen antworten | Weiterleiten

Von: Elli und Steffen slammer@poetrybu.de
An: poetry@slammergroup.de
Cc:
Betreff: [poetrybu] Poetry Slam Burgstadt – Donnerstag, 12.04.07 ab 20 Uhr im Café Lit

Es wird langsam wärmer. Frühlingswärmer. Krokusköpfe, Tulpensträuße, grünes Gras und Birkengrün lauern an jeder Ecke. Das gibt neuen Elan, etwas zu verändern. Viele würden nun gerne etwas Schönes tun: In der ersten Frühlingssonne ein gutes Buch lesen. Briefe schreiben. Oder vielleicht beides?

Schreiben, Lesen, Zuhören – am 12. April findet mal wieder, zum 15. Mal ein Poetry Slam im Café Lit in Burgstadt statt. Einen special Ehrengast gibt's auch: Madita Gräfenstein – die „Princess of Poetry" –, die viel lesen wird und dafür auch extra viel Zeit bekommt. Mehr als ihr. Denn ihr habt nur 10 Minuten, um etwas Eigenes vorzutragen. Sprache egal. Auch Nur-Zuhören ist erlaubt! Gute Musik zum Abtanzen wird DJ Poetryboy auflegen.

Die Regeln sind klar:
Wer seine eigene Poesie oder Prosa vorträgt, zahlt nix.Wer nur zuhört, muss beim Eintritt lächerlich niedrige zwei Euro berappen.

Hier noch mal die kurzen Fakten:

Poetry Slam Burgstadt
Donnerstag, 12.04.2007 – ab 20.00 Uhr
im Café Lit, Mauergasse 7, Burgstadt
Eintritt: 2 Euro oder Vortrag

Zum Mitmachen:
1. schreiben und
2. reden und/oder
3. zuhören

Wir hören und sehen uns!

Bis dann, wir freuen uns auf alle!
Eure SlamMaster vom Poetry Slam Burgstadt

Flyer und Newsletter

Zusätzlich zu den Plakaten könnt ihr auch Handzettel verteilen. Der Flyer sollte die gleichen Fakten enthalten wie die Plakate. Außerdem könnt ihr noch einen kurzen, spritzigen Info-Text hinzufügen, der die Neugier des Publikums auf eure Veranstaltung zusätzlich weckt. Das Gleiche gilt auch für den E-Flyer im Internet, den Newsletter.

- Diskutiert, welche Marketing-Formen für eure Veranstaltung und für eure Zielgruppe am besten geeignet sind. Wen wollt ihr wie erreichen?
- Plant auch die Kosten sowie den Zeitaufwand für die Erstellung der Page/Plakate ein!
- Entwerft ein eigenes Logo für euren Slam. Schaut euch als Anregung die Logos der GIPS (German International Poetry Slam) unter www.slam2004.de an.

- Wie ist dieser Newsletter aufgebaut? Markiere die Stellen mit Bezug zum Adressaten, Informationsteil und Aufforderungen.
- Wie werbewirksam schätzt du diesen Text ein? Welche Textstellen würden dich motivieren, den angekündigten Slam zu besuchen? Was würdest du verändern?
- Schreibe einen eigenen Newsletter-Text, um euren Slam anzukündigen.

Der Slam-Auftritt

Eins ist klar: Beim Slam-Auftritt kommt es nicht auf die Punkte an, es geht um die Poesie. Aber: Mut und Leistung sollen belohnt werden, wenigstens mit einem Feedback für den Slammer!
Egal, ob du nun in der Jury bist oder nicht: Mit den hier aufgelisteten Beobachtungsschwerpunkten kannst du einen Slam verfolgen und ihn beurteilen – und die einzelnen Auftritte nach der Veranstaltung mit anderen durchsprechen:

Schwerpunkte der Beobachtung:

☐ ☐ ☐ Bewegt sich der Slammer sicher auf der Bühne?
☐ ☐ ☐ Spricht der Text mich bzw. das Publikum an?
☐ ☐ ☐ Hält der Slammer Kontakt zum Publikum?
☐ ☐ ☐ Kann er eine Stimmung aufbauen?
☐ ☐ ☐ Ist der Auftritt dramaturgisch gut aufgebaut?
☐ ☐ ☐ Sind seine Texte nachvollziehbar?
☐ ☐ ☐ Ist seine Rolle authentisch?
☐ ☐ ☐ Passt der Text zur Stimmung des Slams?
☐ ☐ ☐ Hat der Text inhaltliche Höhepunkte/Besonderheiten?
☐ ☐ ☐ Kann der Text klanglich/rhythmisch überzeugen?
☐ ☐ ☐ Liefert der Text eine neue Sicht auf Altbekanntes?
☐ ☐ ☐ Macht der Slammer etwas aus seinem Typ?
☐ ☐ ☐ Hat er Ausstrahlung?
☐ ☐ ☐ Lässt sich der Slammer durch Störungen ablenken?
☐ ☐ ☐ Hält der Slammer die vorgegebenen Slam-Regeln ein?

trifft nicht zu (3. Kästchen)
trifft manchmal zu (2. Kästchen)
trifft sehr zu (1. Kästchen)

›› Erstelle ähnliche Beobachtungsschwerpunkte für den MC und die Veranstalter.

Nach dem Slam ist vor dem Slam

Wie war dein erster Slam?

Willst du weitermachen?

Hier einige Vorschläge fürs Weiterslammen:

- Der Slam-Sieger verteidigt seinen Titel beim nächsten Slam, indem er gegen den neuen Finalisten antritt.
- Ermittelt aus allen Altersstufen einen Jahrgangssieger. Diese treten gegeneinander an – vielleicht schlägt der 14-Jährige den Abiturienten?!
- Ihr stellt euer Slam-Netzwerk einer anderen Schule vor und organisiert einen gemeinsamen Poetry Slam.
- Ihr erkundigt euch, ob eure Partnerschule Poetry Slams kennt und gebt beim nächsten Austausch eine Kostprobe.
- Ihr meldet euch beim „German International Poetry Slam“ für den U20-Slam an und werdet Meister!

AB_zum_Buch_S_190.pdf

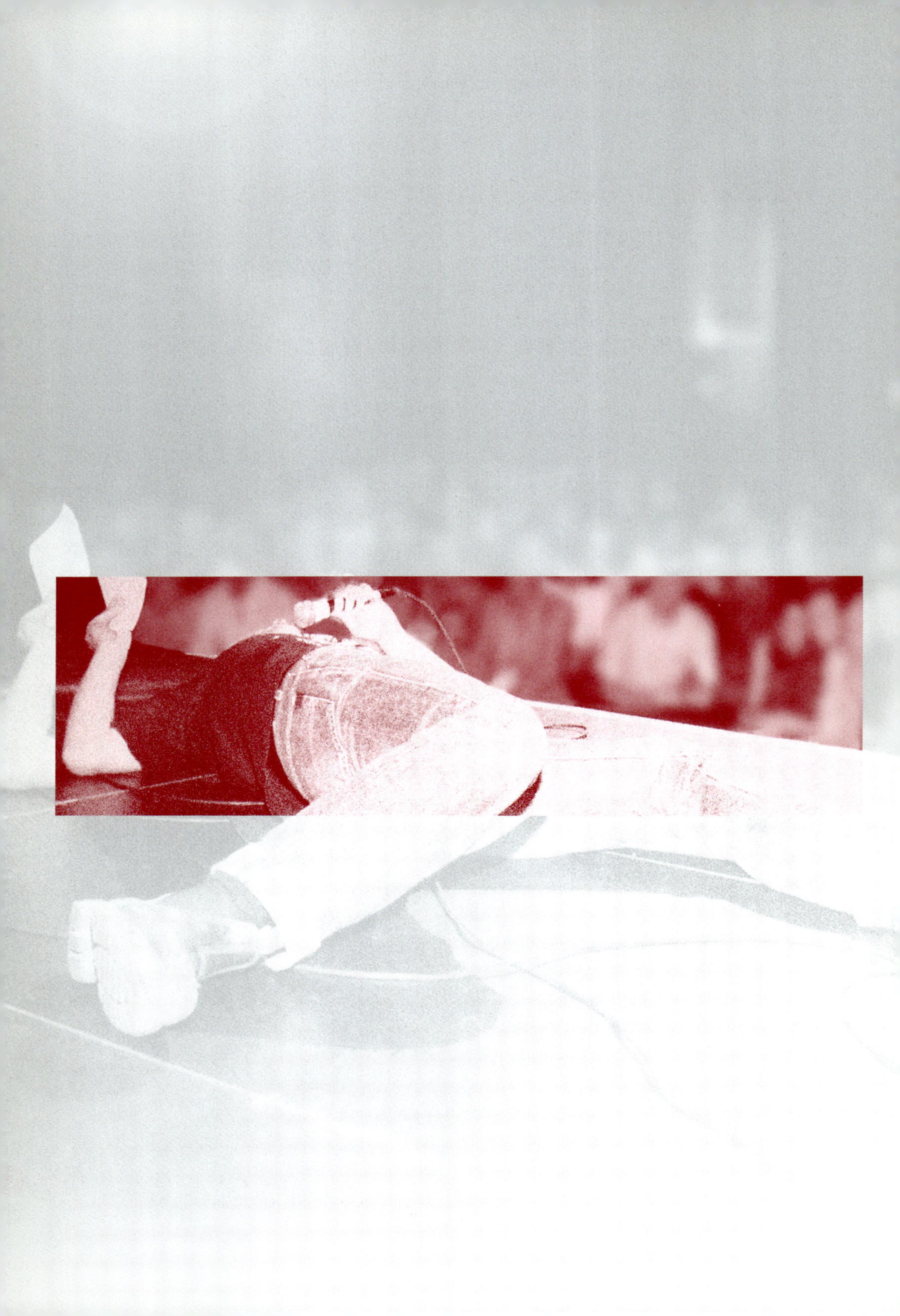

Poetry Slam
ist die
aktive Seite
der Poesie!

Bildnachweis

Wolf Hogekamp:
S. 22
S. 51, 52, 53
S. 57
S. 71
S. 72/73
S. 75
S. 82
S. 150/151
S. 158
S. 174

Bas Böttcher
S. 11
S. 54/55
S. 84
S. 85
S. 87
S. 147

Oliver Gaußmann
(Darmstädter Dichterschlacht):
Titelfoto
S. 12
S. 16
S. 18
S. 20
S. 24/25
S. 27
S. 28/29
S. 30/31
S. 48
S. 62
S. 102
S. 161
S. 168/169
S. 183
S. 184

Nora-Eugenie Gomringer
S. 77
S. 121

Lydia Daher
S. 65
S. 86/87

Yazmeen Acikgöz
S. 93

Felix Bonke
S. 64/65

Ralf Schmerberg
S. 49 (Foto: Stephan Vens)

Gayle Tufts
S. 137

Literaturtipps

Bylanzky, Ko/Patzak, Rayl (Hrsgg.):
Planet Slam. Das Universum Poetry Slam.
Yedermann, 2002.
ISBN 978-3-935269-20-9

Bylanzky, Ko/Patzak, Rayl (Hrsgg.):
Planet Slam. Bd. 2. Reiseführer durch die Welten des Poetry Slam.
Yedermann, 2004.
ISBN 978-3-935269-26-1

Daher, Lydia:
Vokalpatrioten. Ein Poetry Slam Sampler.
UBooks, 2004.
ISBN 978-3-937536-33-0

Dichterschlacht schwarz auf weiß. German International Poetry Slam 2003. Die offizielle Anthologie.
Ariel, 2003.
ISBN 978-3-930148-25-7

Konecny, Jaromir:
Slam Stories.
Ariel, 1998.
ISBN 978-3-930148-20-2

Maier, Eduard:
Bühnenpoeten. LautleseBuch mit Figuren.
Die Blechschachtel, 2004.
ISBN 978-3-936631-67-8

Pospiech, Hartmut/Uebel, Tina (Hrsgg.):
Poetry Slam 2004/2005.
Rotbuch, 2004.
ISBN 978-3-434-54520-0

Preckwitz, Boris:
Spoken Word & Poetry Slam.
Kleine Schriften zur Interaktionsästhetik.
Passagen, 2005.
ISBN 978-3-85165-712-8

Slam 2005, m. DVD-Video.
Die Anthologie zu den PoetrySlam Meisterschaften.
Voland & Quist 2005.
ISBN 978-3-938424-08-7

Thalmayr, Andreas:
Lyrik nervt! Erste Hilfe für gestresste Leser.
Hanser, 2004.
ISBN 978-3-446-20448-5

DVDs

DVD zum **GIPS 2003**
DVD „Poesie auf Zeit“ über den 7. GIPS, der im Herbst 2003 gleichzeitig in Darmstadt und Frankfurt stattfand.
Inhalt:
- die besten Auftritte im Einzel- und Teamwettbewerb in voller Länge
- Zuschauerreaktionen, Hintergrundberichte.
- Interviews (z. B. mit dem Gewinner des GIPS, Sebastian Krämer)
- Slammerinfos

Erste interaktive Dokumentation der deutschsprachigen Slam-Szene.
Bestellen unter www.sprechstation-verlag.de

Poetry Clips (2005)
DVD von spokenwordberlin mit PoetryClips von Boris Preckwitz, Bastian Böttcher, Claudius Hagemeister, Jan Off, Tobi Tiger, Rik Maverick, Sebastian Krämer, Tanja Dückers, Timo Brunke und Wolf Hogekamp.
Die Poetry Clips sind ebenfalls als VHS erhältlich.
Bestellen unter www.poetry-clips.net

Auswahl von CDs einzelner Live-Poeten

Rapoesie: Bas Böttcher: Dies ist kein Konzert.
40 Min. Mit Textbuch. Voland & Quist. ISBN 978-3-93842411-7.

Jaromir Konecny: **„Endlich daheim“**, Ariel-Verlag, 2003.
ISBN 978-3-930148-22-6.

Ralf Schlatter & DJ Piotr: „**Treten Sie in meinen Verein ein. Slam Poetry.**“ 2002. Audio-CD plus Booklet. Verlag Der gesunde Menschenversand. ISBN 978-3-9521517-4-7.

Wehwalt Koslovsky: **„Slämmology“**. 2001. Audio-CD.
Verlag Der gesunde Menschenversand. ISBN 978-3-9521517-3-0.

Xóchil A. Schütz: **„Xóchil“**. 2001.
Bestellen unter lehn@woerter.de

Till Müller-Klug: **„Die sprechende Droge. Slam Poetry.“**
Music by Daniel Haaksman. Buch und CD. Verlag Der gesunde Menschenversand, 2000 ISBN 978-3-9521517-2-3.

Xochil & Loupoe: **tausendtiev**. 2004.
Interessante Vertonungen der Lyrics von Xóchil A. Schütz.
Hör- und downloadbar unter www.loupoe.de

Literaturtipps

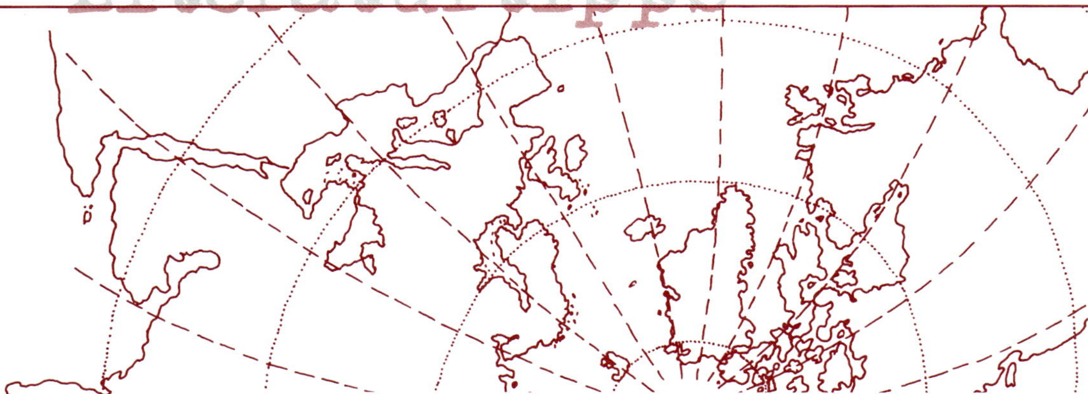

www.**a**lbanypoets.com
www.**b**asboettcher.de
www.beatmuseum.org
www.**c**obi.at
www.**d**efpoetryjam.com
www.dichterkrieg.de
www.dichterschlacht.de
www.**e**-poetry.de
www.e-poets.net
www.epibreren.com
www.estradpoesi.com
www.**g**apevents.ch
www.gayle-tufts.de
www.goosmarkt.de
www.**h**undertmeister.de
www.**k**raftfeld.ch
www.**l**afourmi.ch
www.literaturmachen.de
www.livelyrix.de
www.livepoets.com
www.london.e-poets.net
www.**m**enschenversand.ch
www.monochrom.at/slam
www.**n**etz-kasten.de/texteratur/index2.htm
www.**o**ffkultur.ch
www.oraltradition.org
www.**p**oetcd.com
www.poetsasylum.org
www.poetrymagic.co.uk
www.poetryslam.com
www.poetry-slam.de
www.poetrysociety.org.uk
www.pontes.com
www.**r**osenau-stuttgart.de/c/programm.php
www.rosenkrieg-bonn.de
www.**s**cheinbar.de
www.sellafly.de
www.slam2004.de
www.slam2007.de
www.slamberg.de
www.slamburg.de
www.slameur.com
www.slamffm.de
www.slamnation.com
www.slamnews.com
www.slampapi.com
www.slampoetry-oldenburg.de
www.spokenwordberlin.net
www.sprechstation.de
www.**w**twwa.de
www.**y**outhspeaks.org
www.**z**akk.de/poesieschlacht

Arbeitsblätter

Du findest auf der CD Arbeitsblätter und dazugehörige Lösungen zu folgenden Themen:

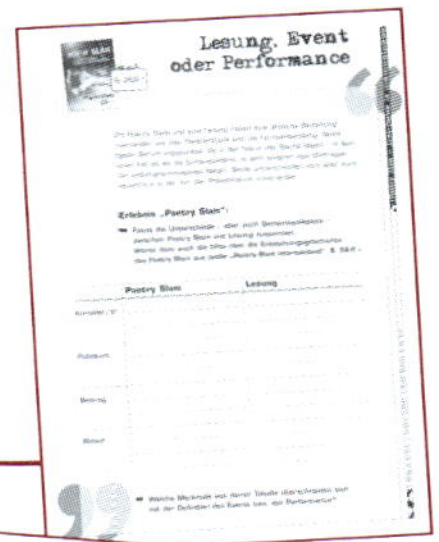

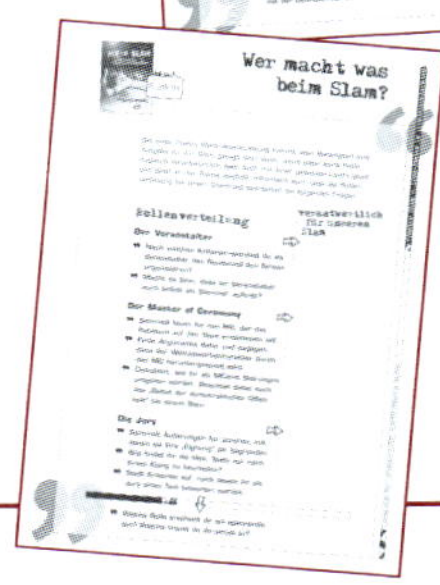

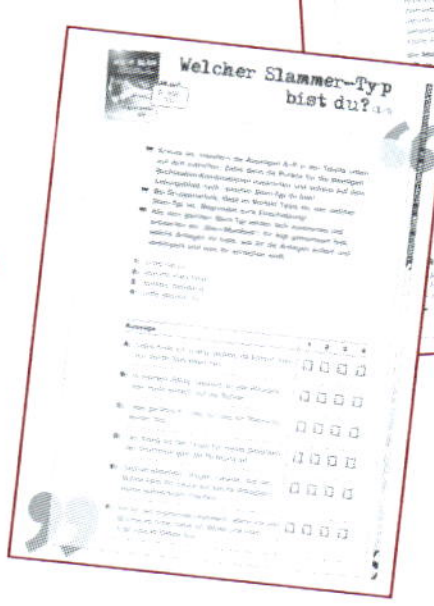

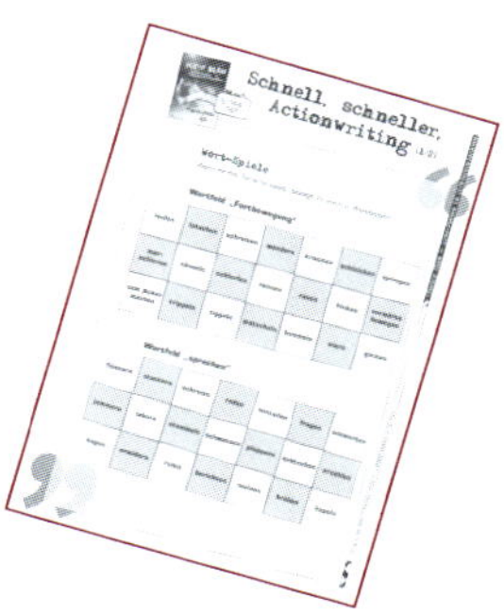

Die Autorin

Petra Anders, geb. 1972 – Als Actionwriterin stellt sie sich Lyrikduellen, bei Poetry Slams ist sie auf Entdeckungstour – nicht ohne didaktisch-methodisches Handwerkszeug im Rucksack zu haben. Die Berliner Autorin lebt ihre Doppelexistenz als Lehrerin und Clubdichterin, weil ihr so der Zeitgeist um die Nase weht.
Auf Fortbildungen und in Workshops bereitet sie im deutschsprachigen Raum Lehrer und Referendare auf das spannende Unternehmen „Poetry Slam“ vor.

Anfragen an: panders@gmx.com
Internet:www.petra-anders.net

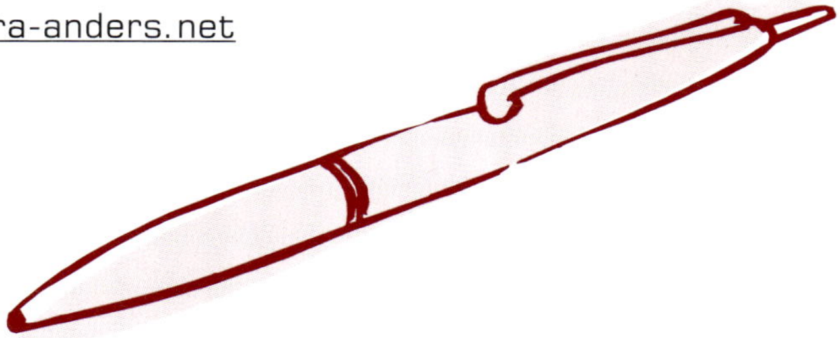